여행 애호가 김희태의

홀로 하는 산티아고 순례여행
카미노 델 노르테

Camino del Norte

홀로 하는 산티아고 순례 여행
카미노 델 노르테

펴 낸 날 2024년 11월 22일

지 은 이   김희태
펴 낸 이   이기성
기획편집   윤가영, 이지희, 서해주
표지디자인   윤가영
책임마케팅   강보현, 김성욱
펴 낸 곳   도서출판 생각나눔
출판등록   제 2018-000288호
주　　소   경기도 고양시 덕양구 청초로 66, 덕은리버워크 B동 1708, 1709호
전　　화   02-325-5100
팩　　스   02-325-5101
홈페이지   www.생각나눔.kr
이 메 일   bookmain@think-book.com

- 책값은 표지 뒷면에 표기되어 있습니다.
  ISBN   979-11-7048-797-5(03920)

여행 애호가 김희태의

홀로 하는 산티아고 순례여행
카미노 델 노르테

Camino del Norte

생각나눔

목차

01 바스크 (Basque) 지방

02 칸타브리아(Cantabria) 지방

닥치는 시련은 피해서 될 문제가 아니고, 극복해야 할 과제….

04 Galicia 갈리시아 지방

산티아고 순례 여행
애플리케이션 활용법

1. 'Buen Camino' 앱을
   Play 스토어에서 다운로드하여 설치한다.

2. Buen Camino 앱 메뉴 중 DISCOVER
   FURTHER ROUTES를 클릭해 보면 캡
   처 화면과 같은 다양한 산티아고 순례
   길을 확인할 수 있는데, 총 49개의 루
   트가 소개되어 있다.

3. 이 중 여행하고자 하는 순례길을 먼저
   선택한다. 일례로 북부 해안길 Camino
   del Norte(Northern Route)를 선택하면
   좌측과 같은 메뉴가 나온다.

4. 화면의 메뉴에서 Northern Route 순례 여행하는 데 필요한 모든 정보를 확인할 수 있다. 이를테면, 코스 정보 및 코스 Guiding 기능, 숙소 및 레스토랑 정보 및 숙소 예약 기능 그 외 배낭택배 서비스 기능 등이 대표적이다.

5. 4번의 메뉴 중에서 먼저 'Map of the Route'를 클릭하면 Northern Route (Irun ~ Santiago Compostella)의 전 경로를 축소 또는 약 1/65까지 확대하여 세밀하게 볼 수 있다. (▼참고)

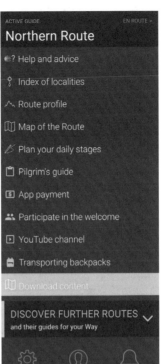

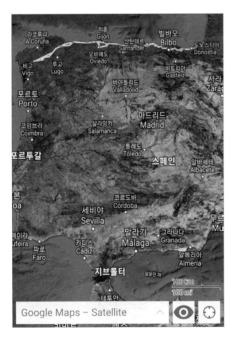

6. 'Plan your daily stages'를 클릭해 보면 우측과 같이 Northern Route를 34일간 소화할 수 있는 일정이 있다.
맨 아래 Edit를 선택하여 개개인의 체력에 따라 하루 소화 거리를 짧게 또는 길게 조정하여 일정을 34일보다 길게 또는 짧게 맞춤형으로 편집하여 일정을 수립할 수도 있다.

7. 'Plan your daily stages'에서 특정 daily 구간을 클릭하면 우측 자료처럼 해당 구간의 주요 거점 마을들과 그들 간 거리를 확인할 수 있고, 그 외 해당 구간의 포장도로와 비포장도로, 오르막길과 내리막길 등을 거리로 확인할 수 있다. 우측 자료는 상기 내용의 이해를 돕기 위한 Northern Route 3일째 구간인 Zarautz~Deba 구간 자료이다.

8. Zarautz~Deba 구간 자료의 하단 'View on the map'을 클릭하면 해당 구간 루트가 표시된 구글 지도가 나타난다. 해당 구간에 자신이 있을 경우 자신의 위치까지 표시되는데, 지도를 자유자재로 확대 또는 축소를 하여 원하는 구간을 한눈으로 확인하거나 골목골목까지 모든 길을 세세하게 확인할 수도 있다. 이처럼 해당 지도는 완벽한 Guiding Map의 기능을 제공해 준다. 따라서 순례 여행객은 여행을 진행하면서 자신이 순례길 도상에 정상적으로 위치하는지만 살피면 된다.

9. 또한 'View on the map'을 클릭하여 확인된 구글 지도의 하단에 있는 '눈' 모양을 클릭하면 자신이 위치한 거점마을

에 자리잡고 있는 Accommodation(숙소), Point of Interest(주요 관심지), Tourist Office(관광안내소)와 순례 여행 중 Alerts(주의 사항) 등이 지도상에 아이콘으로 표시된다. 이를 다시 클릭하면 이에 대한 명칭이나 이와 관련된 상세한 내용이 팝업되거나 링크된 화면으로 넘어간다.

Accommodation(숙소)은 상기 구글 지도상에 있는 버튼 링크 Ⓐ, Ⓟ가 이에 해당되는데, Ⓐ는 Albergue de Peregrinos 순례자 숙소를 의미하고, Ⓟ는 펜션 형태의 일반 여행객을 위한 숙소를 의미한다.

이 중 버튼 링크 Ⓐ를 클릭하면 Geltokia Albergue de Peregrinos(Geltokia Pilgrims Hostel) 숙소에 대한 정보 일체를 제공하는 팝업 화면으로 링크된다. 이 화면에서 숙소 위치 및 예약 가능 여부, 이용 요금, 수용 인원, 연중 운영 기간 및 제공하는 편의시설 등에 대한 정보를 알 수 있다.

10. 1달 이상 지속되는 순례 여행에 필요한 침낭을 포함한 적잖은 여행용품 등으로 Backpack을 짊어지는 게 부담스러운 순례 여행객을 위한 Transporting backpacks(택배) 서비스가 운영되고 있는데, 이를 이용하는 방법은 다음과 같다.

- 택배 서비스 웹사이트 QR▶
- 택배 이메일: paqmochila@correos.com.

※ 상기 웹사이트에서 택배 신청 및 견적가 확인 예시

- Starting point(출발지):

  C. del Norte / Zarautz

- End location(도착지): Deba

- Accommodation for first day pick up

  (수하물 픽업할 숙소): Hotel Zarauz

- Start date(픽업할 날): 2024. 03. 16.

- Backpacks(배낭 수) : 1

- 견적가: 9 유로

1) 숙소에서 전날 오후 8시까지 뒤에 있는 웹사이트나 이메일로 예약을 한다.

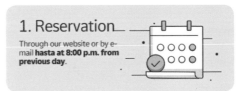

2) 택배사에서 이메일로 받은 라벨을 수하물에 매단다. 라벨을 프린트할 수 없는 경우에는 인적 사항을 적어 식별할 수 있도록 한다.

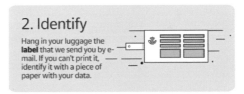

3) 당일 오전 8시까지 수하물을 숙소 리셉션 데스크에 맡겨놓는다.

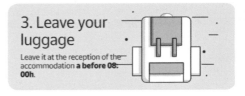

4) 맡겨놓은 수하물은 당일 오후 2시 30분까지 귀하의 숙소에 배송될 것이다.

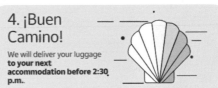

머리글

산티아고 순례 여행이란?

또한 필자에게 있어 순례 여행이란 어떤 의미일까?

싱겁게도 그저 단순한 트레킹이다. 필자는 무신론자이기에 종교적 의미가 있을 수 없다. 심지어 필자가 순례 여행 중에 만났던 천주교 신자인 독일 장년 남성조차 산티아고 순례 여행을 종교적 목적보다는 단지 아름다운 자연을 즐기기 위함이라고 말한 바 있듯이 순례 여행이 꼭 영적인 체험(Spiritual Experience)을 위해서 해야 하는 것만은 아니다.

트레킹 명소 중에는 산티아고 순례길 카미노 데 산티아고(Camino de Santiago) 외에도 히말라야·몽블랑(Tour de Montblanc)·돌로미티·파타고니아·미국 존 무어 트레일(John Muir Trail) 등 많은 트레일이 있는데, 이 중 산티아고 순례길이 특히 주목받는 이유는 특별한 체력적 준비 없이도 누구나 도전할 수 있고, 장기간 트레킹함에 있어서 필수적인 잠자리와 먹거리 등을 여행 도중 곳곳에서 어렵지 않게 찾을 수 있어 큰 배낭 필요치 않기 때문이다. 그 외 스페인의 물가는 대체로 이웃 서유럽에 비해 많이 저렴한 편이지만, 특히 순례자를 위한 숙소(Albergue de Peregrinos, 알베르게 데 페레그리노스)는 더더욱 저렴하다.

잠깐 산티아고 순례 여행의 유래를 살펴보자면, 본래 기독교의 최고 성지인 예루살렘은 유대교와 이슬람교의 성지이기도 하다. 610년 무하메드가 아라비아 반도의 메카에서 창시한 이슬람교의 세력은 날로 강성해져 그 세력이 북아프리카와 서남아시아 그리고 유럽의 이베리아 반도로까지 확대하게 된다.

이러한 세력 판도의 변화에 따라 기독교인들의 예루살렘 성지순례는 봉쇄당하게 되고, 절치부심하던 유럽 기독교 세력은 성지 회복을 위해 십자군 전쟁을 감행하게 되지만 결국 패퇴하게 된다. 따라서 그 결과 예루살렘 성지순례 대안으로 떠오르게 된 곳이 산티아고였던 것이다. 산티아고는 818년 예수 그리스도 열두 사도 중 한 사람이었던 성 야고보의 무덤이 발견된 곳이기 때문이다. 가리비가 산티아고 순례길의 상징으로 된 유래 또한 순교한 성 야고보의 시신이 스페인 이베리아 해안에서 발견될 당시 가리비가 그의 온몸을 감싸서 보호하고 있었다고 하여 비롯되었다고 한다.

필자가 본 도서에서 소개하는 산티아고 순례 여행은 북부 순례길 카미노 델 노르테(Camino del Norte)이고, 개인적으로는 두 번째 순례 여행에 해당한다. 북부 순례길은 북부 해안 국경도시 이룬*Irun*에서부터 산티아고 *Santiago*까지 약 840km가량이지만 중간중간에 선택해야 할 길고 짧은 여러 옵션길이 있는 만큼 택하는 길들의 조합에 따라서 그 거리는 달라질 수 있는데, 필자가 경험한 카미노 델 노르테는 880km가량이었다.

다양한 산티아고 순례길

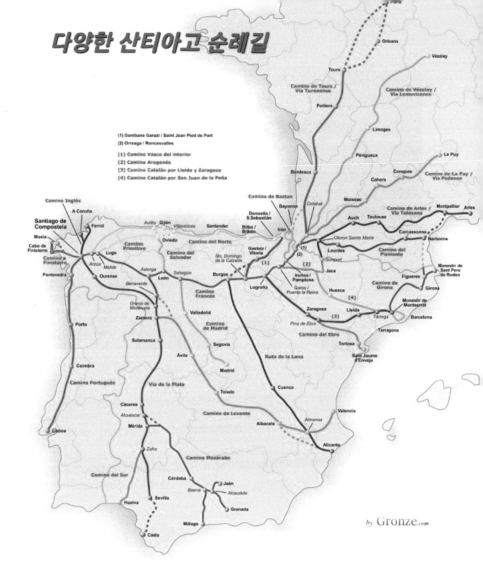

(1) Donibane Garazi / Saint Jean Pied de Port
(2) Orreaga / Roncesvalles

(1) Camino Vasco del Interior
(2) Camino Aragonés
(3) Camino Catalán por Lleida y Zaragoza
(4) Camino Catalán por San Juan de la Peña

by Gronze.com

첫 번째 산티아고 순례 여행은 포르투갈 포르토*Porto*에서 산티아고 데 콤포스텔라*Santiago de Compostela*까지 234km에 불과한 포르투갈 순례길 카미노 포르투기즈*Camino Portugues*이었는데, 당시는 몰타부터 시작해 이탈리아 시칠리, 모로코, 스페인, 포르투갈, 이후 발칸국가들을 여행하고 귀국길에 네팔에 들렀던 5개월가량의 긴 일정 중 포르투갈 포르토를 방문했을 때 우연히 경험하게 된 여행이었다.

그 당시 여행 일정 중 소화한 주요 트레킹이라면 시칠리 에트나(Etna) 화산(3350m), 아틀라스산맥 최고봉 투브칼(Toubkal, 4167m) 등정, 에베레스트 베이스캠프와 칼라 파타르(Kala Patthar, 5,550m)를 오른 히말라야 트레킹 등이라고 할 수 있다. 이 또한 특별히 계획되었다기보다는 모두 우연찮게 경험한 것들로, 상황에 따라 필요한 장비를 대여받거나 구입하여 진행할 수 있었다.

혹, 전문 등산인으로 오해할 소지가 있어서 이에 대한 해명을 드리자면 기껏해야 60세를 전후한 뒤늦은 나이에 홀로 백두대간 종주를 한 정도가 전부라고 할 정도로 지극히 평범한 등산 애호가라 할 것이다.

산티아고 순례 여행은 주로 프랑스 국경이나 포르투갈, 스페인 남동부 주요 도시에서 시작되는 경우가 일반적이다. 그러나 멀리는 7,500km나 떨어진 튀르키예 이스탄불*Istanbul*로부터, 가깝게는 약 75km에 불과한 북부 항구도시 아 코루냐*A Coruña*에서 산티아고 데 콤포스텔라에 이르는 순례길까지 수많은 산티아고 순례길(Camino de Santiago)이 있다.

필자는 이스탄불에서 출발해 순례 여행 중인 한 젊은 남성을 프랑스에서 만난 경험도 있다. 프랑스 종단 자전거 여행 중 보르도Bordeaux 입성을 앞두고 가론강을 끼고 있는 바싼느Bassanne 마을을 지날 무렵 한 백패커를 만났던 것인데, 그는 20대 영국 남성으로 이스탄불에서 출발하여 그곳까지 이미 6,500km가량을 걸어왔고, 산티아고 데 콤포스텔라로 향하고 있다고 하여 경이로운 눈으로 바라본 적이 있었다.

또한 필자가 아는 독일 젊은 여성 경우도 독일 라이프찌히Leipzig에서 산티아고까지 무려 3,402km 거리를 장장 5개월가량 걸려서 순례 여행을 한 바가 있는 만큼, 스페인을 벗어난 유럽 어느 곳에서도 산티아고 순례 여행이 가능하고, 실제 그런 극한 체험을 하는 유럽인들이 심심찮게 있기도 하다.

스페인 국외에서 출발하는 순례길 중에 가장 대표적인 곳이 프랑스 중부 르 뷔 엉 벨레Le Puy-en-Velay란 작은 도시로, 스페인 국경에 인접한 셍 장 삐에 드 뽀흐Saint-Jean-Pied de Port까지 727km 거리이고, 그곳부터는 잘 알려진 프랑스 길 카미노 프랑세스(Camino Francés)를 772km 걸어 산티아고에 이르게 되니 약 1,500km에 이른다 하겠다. 아마도 필자가 세 번째 산티아고 순례 여행을 경험하게 된다면 그 여정은 르 뷔 엉 벨레부터 시작하여 셍

장 삐에 드 뽀흐를 경유해서는 피레네 산맥을 넘어 산티아고로 향하는 길이 될 것이다.

산티아고 순례 여행에도 시즌이 있다. 통상 4월 1일부터 10월 31일까지이다. 하지만 이번 산티아고 순례 여행은 3월 초에 시작해서 4월 초순까지 33일간 진행되었는데, 상당 기간이 순례 여행 비시즌에 해당된 데다가 Covid-19 여파로 잠정 휴업 중인 순례 여행 관련 시설들이 적잖아서 숙소와 식당 문제로 상당한 어려움을 겪어야 할 때가 빈번했다.

따라서 이번 순례 여행 스토리에는 마땅히 있어야 할 곳에 운영 중인 숙소와 식당들이 없어서 겪게 되는 어려움과 이를 극복해내는 에피소드들이 독자분들께는 흥미로운 요소가 될 수도 있고, 필자 자신에게도 향신료 같은 추억거리로 남게 될 것이다. 너무 순탄한 여행은 오히려 양념이 빠진 음식과 같을지도 모르겠다.

여행하면서 겪게도 되는 예기치 않은 어려움들은 여행의 묘미나 가치를 풍성하게 해주는 순기능도 있는 것 같다. 봉착한 난관을 헤쳐 나가는 과정에서 전혀 모르고 있던 현지 제반 상황들을 자연스럽게 깨닫기도 하기 때문이다. 따라서 여행 중 겪게 되기도 하는 불상사가 때로는 축복같이 여겨질 수도 있는데, 이는 경험자들 각자가 소화하기에 달려있는 듯하다.

01

바스크 (Basque)
지방

Santiago

빌바오 구겐하임 미술관 (Museo Guggenheim Bilbao)

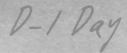

2022. 03. 04.
산티아고 순례길을 시작하는 스페인 Irun
순례자 숙소의 손님은 필자가 유일하다.

기차로 프랑스 서부 항구도시 라 로셸*La Rochelle*을 출발해서
보르도*Bordeaux*를 경유하여 엉데*Hendaye*에 도착하게 되는데, 엉데는 비다
소아 강(Rio Bidasoa)을 사이에 두고 스페인 이룬*Irun*과 마주하고 있는 프
랑스 국경 마을이다.

라 로셸에서 출발하게 된 것은 지난 달 미니벨로로 프랑스 종단 자전거
여행 중에 만난 프랑스 중년 여성 때문이었다. 그녀의 집으로 초대를 받아
다녀오던 중 들리게 된 프랑스 서부 항구도시로, 그녀는 라 로셸에서 연륙
교로 연결된 일-드-헤*Il-de-Re*라는 섬마을에 살고 있었다.

산티아고 순례길 카미노 데 산티아고(Camino de Santiago) 중에서 북부
해안길인 카미노 델 노르테(Camino del Norte) 순례 여행을 위하여 엉데에
서 자전거를 타고 출발 도시인 이룬으로 향했다. 당초 건너려던 비다소아

강(Rio Bidasoa, 리오 비다소아)의 다리가 폐쇄되어 있어 그 위쪽 상류 방향에 있는 산티아고 다리(Puente de Santiago, 푸엔토 데 산티아고)로 우회하여 강을 건넜다. 프랑스에서 스페인으로 들어가는 차량은 통제하지 않는 반면 스페인에서 프랑스로 입국하는 차량들은 통제하고 있어 프랑스 방향으로 진행하는 차량들만 줄지어 늘어서 있다.

그 이유는 곧 확인된다. 다리 건너 잠시 들린 이룬 지역의 상점에서는 담배나 술을 팔고 있는데 담배 경우는 프랑스의 반값도 안 되는 4.60 유로 정도라서 프랑스인들이 몇 보루씩 사 가고 있었다. 이렇듯 값싼 담배 등의 물품을 구매하기 위해 인접 지역의 프랑스 차량들이 많이 다녀가고 있어 응당 이를 적정 수량 이내에서 통제해야 하는 검문소의 역할 때문에 줄지어 있는 것이었다.

조세 회피국이자 면세국으로 알려진 피레네 산맥에 위치한 안도라 *Andorra*의 경우는 담배나 술 같은

전매 제품들이 스페인보다도 훨씬 더 싸기 때문에 툴루즈*Toulouse*를 비롯한 프랑스 인근 지역에서 오로지 쇼핑을 위해 안도라에 다녀가지만, 이곳처럼 통제가 심하지는 않다. 아마도 안도라 경우는 프랑스 대통령이 스페인 카탈루냐 지방 우르젤 주교와 공동으로 지배하고 있어 프랑스 영향력

하에 있는 소국이기 때문이 아닐까 싶다.

이런 모습을 흥미롭게 살피며 스페인 이룬에 들어섰다. 필자 스마트폰에 깔려있는 산티아고 순례 여행을 위한 애플리케이션 'Buen Camino'를 통해 이곳 숙박 정보를 확인해 보니 총 7곳의 순례자 숙소(Albergue de Peregrinos, 알베르게 데 페레그리노스)가 있지만, 이 중 이룬 순례자 숙소 하나만 운영 중이고 나머지는 모두 4월부터 10월 말까지 운영 예정으로 되어있다.

머물 곳이 하나라도 있어 다행이지만, 앞으로 숙소 문제로 순례 여행에 적잖은 제약이 있을 것으로 우려된다. 아무튼 이런 정보 확인을 거쳐 찾아간 숙소는 문 앞 표시석에 "840 km Santiago"가 새겨져 있다. 도네이션 방식으로 운영되는 순례자 숙소로 60개 침상이 있지만, 필자가 유일한 투숙객이다.

숙박비는 자율적으로 내고 싶은 만큼 지불하면 되는 숙소인데, 주방에는 음식 조리에 필요한 온갖 주방기구들을 모두 갖추고 있는, 아주 마음에 쏙 드는 숙소이다. 문제는 산티아고 트레킹이 가능하도록 자전거 등 불필요한 짐들을 보관해 주느냐가 문제인데, 짐을 보관해 주기는 어렵다며 짐을 보관할 수 있는 락커 시설이 버스터미널에 있다는 팁 정도만 알려주었다. 내일 오전에 버스터미널(Estación de Autobuses, 에스타시온

데 아우토부세스)이든 이 지역 산티아고 순례길 운영 사무국이든 찾아가 짐 보관 문제를 해결하고 나서야 본격적인 순례길 궤도에 발을 들여놓을 수 있게 될 것이다.

필자가 순례길을 위해 이곳에 오는 것을 페북 포스팅을 보고 알게 된 누군가가 자신도 스페인 남부 알메리아*Almeria*에서 산티아고 순례길을 이미 시작했다면서 산티아고에서 만나 맥주 한잔 나눌 수 있기를 바란다고 전해왔다. 그는 지난 여름 몰도바 수도 키시나우 숙소에서 만났던 라트비아 청년이다. 오지 트레킹과 세계 여행을 즐기는 탐험가에 준하는 투어리스트라고 할 수 있는데, 남미·아프리카는 물론이고 남극까지 다녀온 모험심 많은 젊은 남성으로 이름도 매력적인 맥심 본태(Maxim Bonte)이다. 필히 산티아고 데 콤포스텔라*Santiago de Compostela*에서 만나 우정 어린 포옹을 나누고 싶어진다.

저녁에 인근 마트에서 착한 가격의 등심과 양파·마늘·야채 샐러드 등의 식재료들을 구입한 후 순례자 숙소에서 조리한 등심스테이크로 저녁을 해결하면서 담담하게 내일 순례길 첫걸음을 위한 마음을 새롭게 한다.

프랑스 Hendaye에서 스페인 Irun까지
자전거 이동 경로

– 트랭글 맵핑 QR코드

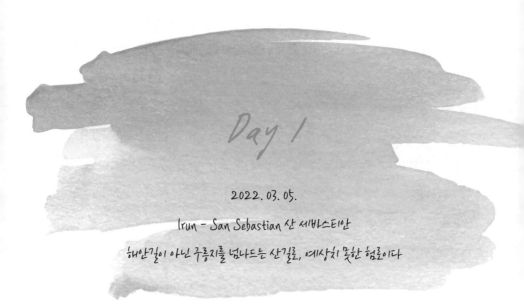

Day 1

2022. 03. 05.
Irun - San Sebastian 산 세바스티안
해안길이 아닌 주릉지를 넘나드는 산길로, 예상치 못한 험로이다

10시 좀 넘어 이룬*Irun*에 있는 순례자 숙소에서 출발하여 11시 남짓되어 이룬에서 도노스티아*Donostia*로 넘어가는 언덕 위 과달루페 *Guadalupe* 예배당에 이르렀다. 출발지에서 약 4km 지점이다. 이곳에서는 Bidasoa 강 하구와 대서양이 펼쳐져 보이고, 그 전후로 프랑스 엉데 *Hendaye*와 스페인 이룬의 전경도 한눈에 들어온다.

이렇게 본격적인 순례길 시동을 걸 수 있었던 것은 자전거와 불필요한 짐들을 숙소 인근 자전거샵에 30유로를 지불하고 맡길 수 있었기에 가능했다. 이곳까지 오는 과정을 살펴보면 숙소를 나서서 이룬 시내를 서남 방향으로 벗어난 이룬 공항이 있는 지점에서 아무테코*Amuteko* 수로변을 끼고는 산마을 아르코야*Arkolla*를 거쳐서 다다른 지점이다. 그 전 아무테코 수로변길과 마을 이후의 길은 비포장길인데 고운 점토길이라 다소 미끄럽다.

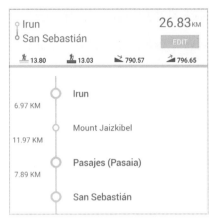

🪧 13.80	🪧 13.03	🔻 790.57	🔺 796.65

Irun
6.97 KM
Mount Jaizkibel
11.97 KM
Pasajes (Pasaia)
7.89 KM
San Sebastián

미끄럽고, 아르코야 마을을 지
날 때 어느 가옥의 창틀에서 물끄
러미 필자를 내다보는 고양이 모
녀(?)의 호기심어린 인상적인 모습
이 상기된다.

출발할 때는 비가 내려 배낭 커
버를 씌워야 했다. 다소 서늘하기
도 했지만, 이곳으로 오르는 도중
에 쨍쨍한 햇볕이 나와 잔뜩 껴입
은 옷들이 부담스럽고, 어깨도 배
낭 무게에 제법 부담스럽다. 쌀 같
은 식재료까지 포함한 필요 이상
의 짐들을 배낭 하나에 최대한 압
축해 꾸렸기 때문이다. 예배당 앞
전망대에서 비교적 길게 호흡을 가다듬는 동안 껴입은 옷 한꺼풀도 벗어
내고 다시 길을 나서는데, 그사이 한기가 찾아든다.

언덕 예배당을 벗어나지만 넘어내려가는 것이 아니고 북쪽 해안따라 길게 누워있는 산을 향해 오르게 된다. 이내 가파른 산을 앞두고 선택의 갈림길에 이른다. 하나는 거리가 12km이고 표고 차가 157m에 불과한 반면에, 또 다른 길은 11km로 다소 짧지만 표고 차가 374m이다. 잠시 머뭇거리며 순간 편한 길을 택하려다가 이내 마음을 고쳐먹고 힘들더라도 당연한 듯 후자인 표고 차 374m 길을 선택한다. 왜냐하면, 전자는 내륙 방향으로 우회하는 길인 데 반해 필자가 택하게 되는 길은 정상 능선길이어서 대서양 대양과 내륙 모두를 조망할 수 있는 길이라 판단되었기 때문이다.

능선길로 접어들게 되면서는 선택이 틀리지 않았음을 깨닫는 데 많은 시간이 필요치 않았다. 능선에서 조망되는 해안의 모습은 가슴을 뻥뚫리게 해주었고, 내륙 쪽의 벼랑 모습 등 다채로운 조망을 선사해 주고 있기 때문이다. 게다가 능선길은 초록 융단 같은 비단길이라 트레킹에 최고의 환경을 제공해 주기까지 한다.

산 정상을 앞둔 시마 하이즈키벨 전망대(Mirador Cima Jaizkibel)에는 드라이브 와서 산책하는 관광객들의 모습도 더러 보이고, 주차장에는 현대 투싼(Tusan) 하이브리드 차량도 보인다. 마치 필자를 응원해 주기라도 하듯 럭셔리하게 단장한 모습으로 자리하고 있다. 또한 그곳에 고대유적 같은 오래된 조형물이 있어 유적지임을 짐작하게 하는데, 카르타고나 로마 식민지 시절 만들어진 건축물의 잔해가 아닐까 싶다. 송신탑이 있는 정상으

로 오르는데 딸아이를 목마 태워 부인과 내려오는 가장의 모습에서 단란한 가정의 느낌을 읽을 수 있어 보기 좋다. 어린아이는 역시 세상 어디에서나 적절한 보호와 사랑을 듬뿍 받아야 하는 소중한 존재가 아닐 수 없다.

송신 탑이 있는 정상 구간은 잠시 우회하여 지나게 되는데, MTB 몇 대가 잇따라 필자를 지나쳐 내려간다. 올라올 때도 돌들로 울퉁불퉁한 거친 급경사로를 하산하던 MTB 바이커들을 만났었기에 이곳 젊은이들이 얼마나 모험적인지를 짐작케 해준다. MTB로 스릴 있게 산자락을 다운힐하는 모습이 대서양 칸타브리아해와 조화를 이루어 한폭의 그림이고 예술이다.

오이아르춘Oiartzun 강 하구에 있는 레조Lezo 마을로 내려가는 중 몹시 힘들어하며 쉬고 있는 남성을 만나 인사를 나누며 지나쳤다. 이미 오는 과정

에서 두 차례 만난 적이 있는 49세의 미국 남성으로 샌프란시스코에서 왔다는 친구다. 산티아고를 지나 대서양 땅끝 피스테라Fisterra까지 60일 정도 일정으로 진행 중이라고 하는데, 체력적으로 많이 부족해 보인다. 다시 보자며 지나쳤지만 페이스가 달라 그럴 가능성은 전혀 없어 보인다.

레조 마을을 지나고 연이어 파사이 도니바네Pasai Donibane 해안마을의 예스러운 길 자락 끝에서 나루터를 만나게 된다. 좁은 해로 건너편 파사이아Pasaia와 이곳 파사이

도니바네를 오가는 소형 나룻배 선착장으로, 90센트의 배삯을 지불하고 파사이아로 건넌다.

　이후 항만 관문에 해당하는 위치까지 대양 쪽으로 나가 그곳 등대가 있는 지점에서부터 깎아지른 벼랑에 만들어 놓은 지그재그 계단을 이용하여 또다시 산 위로 올라선다. 오늘 구간의 기착지 도노스티아 산 세바스티안*Donostia-San Sebastian*까지 5km 구간 산길을 바다 방향 허리길과 능선길을 번갈아 지나간다. 마침내 능선길 서편 끝에 위치한 아르볼라 전망대(Mirador Arbola)에 이르니 해양 휴양도시 도노스티아 산 세바스티안 일대가 한눈에 조망되는데, 이미 19시를 넘어서면서 어둠이 내려앉고 있고 도시 조명이 역시 잔잔하게 빛을 발하기 시작하고 있다.

산 세바스티안San Sebatian은 모래 해변이 발달한, 생각보다 규모가 큰 관광휴양 도시로 주말 관광객들로 북적이고 있다. 순례자 숙소는 문을 연 곳이 없고, 일반 숙소들만 성업 중이다. 해변을 가로질러 도심에 있는 일반 숙소에 이르러서야 첫날 일정을 마치게 되는데, 생각보다 오늘 코스가 간단치가 않았다. 거의 산행과 다를 바 없는 트래킹 코스로 두 개의 산을 동서로 길게 종주한 것과 크게 다르지 않다.

앞으로도 항구 사이에 해안 구릉지들을 넘나드는 오늘 구간과 크게 다르지 않을 듯하여 험로가 예상된다. 욕심부리지 말고 쉬엄쉬엄 진행해야 무탈한 순례 여행이 보장될 듯하다.

맵핑 경로

Irun ~ San Sebastian	
Day 1	24.2km
누적 거리	24.2km

Day 2.

2022. 03. 06.

San Sebastian - Zarautz

유리 어깨가 배낭 무게를 못 이겨 발걸음을 무겁게 하다

산 세바스티안San Sebastian에서 새로운 아침을 맞이하지만, 다리 근육통과 함께 전날 피로가 쉬이 가시지 않는다. 마침 일요일이기도 하여 이런저런 핑계로 하루 더 쉬어가고 싶은 마음이 굴뚝 같아진다.

하지만 운동으로 생긴 근육통은 운동으로 풀어주는 게 가장 효과적인 것을 알고 있기에 떠날 채비를 서두른다. 마침 숙소 창밖으로 마라톤 광경이 눈에 들어온다. 여성들만 참가하는 핑크 마라톤으로 필자에게 싱그러운 기운을 불어넣어 주는 활기찬 모습이다. 도심을 지나 해변 순례길을 찾아가는 과정에서는 거리 행진을 하는 악단들도 만나면서 다채로운 볼거리에 이미 피로감은 잊혀진 듯하다.

스페인에서는 이러한 거리 축제 현장을 모로코에 있는 스페인령 세우타*Ceuta*와 스페인 남부 안달루시아 지방 항구도시 카디즈*Cadiz*에서도 만나본 적이 있다. 스페인은 프랑스와는 또 다른 흥이 넘쳐나는 민족이라는 생각을 지울 수 없다.

해변로 2km여를 지나는 과정에 주변 건축물이나 풍광이 참으로 아름답다. 아마도 이곳 바스크 지방이 스페인 남서부 카탈루냐 지방보다 경제적으로 많이 낙후되어 있다고 하지만, 필자가 자전거 여행으로 경험한 바르셀로나에서 프랑스 국경 마을 르 뻬흐튜스*Le Perthus*까지의 카탈루냐 지방보다 활력이 넘치고 보다 매력적으로 보인다.

필자의 산티아고 순례길 일정을 관리해 주는 앱, 'Buen Camino'를 보니까 오늘 코스 산 세바스티안에서 싸라우츠*Zarautz*까지는 22km로 어제

보다 짧다. 어제보다 험로이기 때문에 짧을 수도 있고, 전날 힘들었으니까 하루 좀 여유있게 진행할 수 있도록 짧을 수도 있을 것이다. 대략 7km 지점까지 왔지만 생각보다 별 무리가 없는 코스인 것으로 봐서 후자인 것으로 희망적인 기대를 해본다.

시내 해변길이 끝나며 오르게 되는 이구엘도*Igueldo* 지역에서는 산봉우리 내륙 쪽 허리길을 감아돌았고, 그 이후 두 번째 Post 마을인 오리오 *Orio*를 향하면서는 대양을 바라보며 해안 쪽 허리길로 비교적 무난하게 진행하고 있다. 참고로 몬테 이구엘도*Monte Igueldo*는 산 세바스티안을 조망하기 좋은 전망대와 놀이공원이 있는 관광명소로 이곳을 오르내리는 푸니쿨라 승강기가 따로 운행되고 있기도 하다.

한편 대략 9km 지점에서 만난 구릉지 마을의 아사도르 니콜라스 (Asador Nikolas) 레스토랑에 들러 그곳 종업원에게 순례길 Passport 에 인증 스탬프를 부탁하게 되는데, 영어를 모른다고 유창한 영어로 답하면서 스탬프도 없다고 퉁명스럽게 얘기한다. 순례길 도상에 있는 레스토랑이나 숙소에 순례길 인증 스탬프가 없다는 것은 사실 말이 안 된다. 순례길 도상이 아닌 순례길 주변 레스토랑이나 숙박업소들조차도 의무적으로 스탬프를 비치하고 있다. 자기네 업소 이용 고객이 아니더라도 요청하면 기꺼이 스탬프를 찍어주면서 격려의 말까지 보태는 게 일반적인 관행인데, 아마 이 업소 종업원의 경우 뭔가 동양인에 대한 불편한 반감이 있는 여성으로 여겨진다. 이런 사람을 만나는 일은 요즘 유럽에서 극히 드문 일이라 당혹스럽기도 하다.

이후 이곳 마을을 지나 숲길 들길을 지나게 되는데, 오늘 출발할 때부터 걱정스러웠던 취약한 유리 어깨가 점차 배낭 무게를 견디기 힘들어 한다. 끊어질 것 같은 통증으로 어깨가 고통스러울 때는 그 부담을 덜기 위해 양 어깨 끈을 벗겨내리고 허리벨트에만 의존해 걷기도 하다가 허리가 힘들면 배낭 어깨끈을 팔 중간에 걸쳐 메어보기도 하며 어느 정도 어깨의 안정을 되찾은 후에는 어깨끈을 정위치로 고쳐메기를 반복하며 고난의 순례 여행을 진행한다.

때로는 비 온 직후라 도보길인지 물길인지 모를 피해갈 수도 없는 진흙 탕길을 만나기도 한다. 좁은 길은 양다리를 벌려 양쪽 풀밭을 디뎌 지나는데, 양다리 디딤폭보다 넓은 진흙탕 길은 그냥 빠져가며 지날 수밖에 없다. 신발이 발목까지 오는 야무진 미무트(Mammut) 등산화라 다행히 물이 새어들어오지는 못한다.

오늘 순례 여행을 하면서는 스페인 말라가*Malaga*에서 온 남성과 사라사테 *Sarasate*에서 온 젊은 여성을 자주 만났다. 서로 각기 다른 휴식 시간 전후로 엎치락뒤치락 앞서거니 뒷서거니를 반복하기 때문이다. 그러던 중 언제인가부터 따로 온 두 남녀가 동행하는 모습이다. 여행은 이렇듯 이성 간에 쉽게 친숙해지는 계기가 되어주는 듯하다. 두 남녀가 아무쪼록 결혼 여부를 떠나서 건강한 사랑을 싹틔우게 되기를 빌어마지 않는다.

16시경 16km 지점의 산 마르틴*San Martin* 순례자 숙소를 지날 무렵 잠시 갈등하게 된다. 피로함 정도를 봐서는 이쯤에서 하루 쉬어가는 게 적절하다 싶다. 게다가 숙박비도 12유로로 무난한 수준이고, 부담 없는 가격(저녁 식사 10유로, 아침 식사 5유로)으로 식사도 제공해 주는 숙소라서 손쉽게 현지 음식을 경험해 볼 수 있다. 그럼에도 아직 시간 여유도 있고, 이곳에서 일정을 마칠 경우는 오늘 예정된 기착지보다 최소 6km 정도는 못 미치는 지점이라 그만큼 내일 부담이 커진다. 따라서 결국은 필자 일정을 관리해 주는 순례길 어플의 일정에 맞추기로 하고 여정을 이어갔다. 지나온 구릉지 마루에서 한참 내려선 오리오 마을의 올드타운 중심을 지나 상류 방향의 다리를 건너 오리오코*Orioko* 강어귀를 최대한 끼고 돌아 하류 방향

으로 내려왔다. 마침내 강 건너편 오리오 어항이 보이는 지점에서 오리오 마을을 등지고 멀어지면서 오늘 기착지 싸라우츠로 향하게 되는데, 그곳에 이르기 위해서는 또 하나의 산자락 고개를 넘어야 한다.

그럼에도 길가에 박아놓은 나무 말뚝목책을 경계로 해서 고갯길 초입에 있는 당나귀 농장, 고개길 좌우로 펼쳐져 있는 포도밭 등으로 구분 지어진 목가적인 시골의 정취가 고단한 나그네에게 심심한 위안거리이다. 이윽고 고개를 넘어서 싸라우츠 마을 전경을 굽어보게 된다. 이곳도 산 세바스티안처럼 무역항이라기보다는 마리나항 해양 휴양지 느낌으로 다가온다. 당도한 해변에는 벌써 서핑보드를 즐기는 젊은이들도 있다. 해변 시계탑 온도계는 18시를 넘어선 저녁 시간임에도 10℃를 가리키고 있다. 이정도 기온에 슈트 복장을 갖춰 입으면 저체온 같은 문제는 발생하지 않는지 서핑보드를 즐기는 젊은이도 눈에 띈다.

이후 숙소를 찾는 과정에서 우여곡절들이 있어서 싸라우츠 시내를 맴돌기도 하며 결국은 전날보다 긴 거리인 26km 이상을 감당해야 했다. 숙소 주변 여건상 먹고 싶었던 문어나 굴, 새우 같은 해물 요리는 못 먹고 숙소에 인접한 평범한 레스토랑에서 등심스테이크로 하루의 노고를 달랜다.

스테이크를 주문하면 함께 나오는 감자튀김은 빼고 샐러드를 듬뿍 달라고 당부하는데, 샐러드 이외 달걀 후라이와 피망구이도 같이 나온다. 몇 년 전 마드리드에서 스테이크를 주문했을 때도 달걀 후라이가 나왔던 거로 봐서 스페인 음식문화의 차별점으로 여겨진다. 유럽 나라들 간의 미묘

한 음식 문화 차이를 접하며 그 차이점을 경험적으로 익히는 것도 여행의 흥미로운 부분이라는 생각도 해본다.

　그나저나 어깨를 괴롭히는 배낭의 무게를 줄이기 위해 배낭 안의 식재료 소비를 서둘러야 한다. 그러려면 주방을 갖춘 순례자 숙소를 찾아야 하는데 그러기에는 아직 문을 열지 않고 있는 순례자 숙소가 너무 많다.

맵핑 경로

San Sebastian ~ Zarautz	
Day 2	26.21km
누적 거리	50.79km

2022. 03. 07.

Zarautz ~ Deba

심각한 숙소 문제를 절감하며 일정 소화 후

숙소를 찾아 다시 Zarautz로 돌아오게 된다

어제처럼 예상과 달라질 수 있겠지만, 오늘 코스도 어제와 비슷한 22km 정도 거리로 예상된다. 어제와 그제는 출발지와 목적지 사이에 거점 포스트가 두 지점에 불과했지만, 오늘 코스 경우는 5지점이나 된다. 그만큼 마을들이 촘촘히 있다는 의미이겠다. 거점 포스트는 주로 마을이고, 그 사이에는 구릉지 형태의 산자락이 있어 보인다. 산티아고 북부 순례길 카미노 델 노르테(Camino del Norte/ Northern Route)는 이런 구릉지들을 통과하기 위해 끊임없이 산자락들을 오르내려야 하기에 대체로 평이한 카미노 프랑세즈(Camino Francés)에 비하여 다소 힘든 듯하다.

오늘 첫 번째 포스트는 싸라우츠*Zarautz*에서 바다 만(灣)을 끼고 돌아 서쪽 돌출된 곶지형에 자리한 헤타리아*Getaria* 마을로 4km 남짓 거리이

Zarautz			21.78 KM
Deba			EDIT
🚶 6.09	🚶 15.69	⛰ 774.01	⛰ 770.15

	○ Zarautz
4.16 KM	
	○ Getaria
2.26 KM	
	○ Askizu quarter (Getaria)
3.20 KM	
	○ Zumaia
3.58 KM	
	○ Elorriaga
5.13 KM	
	○ Itziar
3.45 KM	
	○ Deba

고, 다행히 산자락이 아닌 해안로를 따라 이동하게 된다. 이동하는 해안로는 바다쪽으로 가설된 다리와 비슷한 형태를 띠고 있다.

어깨에 배낭을 질끈 쪼여 메고 출발하지만, 헤타리아에 이르기도 전에 유리 어깨가 부서질 것 같은 아픔이 오늘 하루 역시 만만치 않을 것임을 예고해 주는 듯하다. 해안길로 다다른 헤타리아의 중심지 구다리엔 에스페란차 프라자(Gudarien Esperantza Plaza) 광장에는 바르코 데 헤타리아(Barco de Getaria) 배 조형물이 전시되어 있는데, 바스크기가 달린 것으로 봐서 배가 헤타리아 마을의 상징처럼 느껴진다.

광장 건너편에 후안 세바스티안 엘카노(Juan Sebastián Elcano) 기념상이 있다. 알고 보니 그는 스페인의 탐험가로 마젤란 탐험대의 일원으로 탐험 당시 당시 카르타헤나, 멘도사, 케사다와 함께 마젤란에게 반기를 들었

JUAN SEBASTIAN

ELKANO

고, 반란 대원 중 유일하게 용서받았던 인물이라고 한다. 페르디난드 마젤란(Ferdinand Magellan)이 1521년 4월에 필리핀 막탄 전투에서 전사하자, 그 선단의 지휘권을 물려받아 나머지 탐험대를 이끌고 1522년 9월 귀국에 성공함으로 사상 최초로 세계 일주를 마치게 되는데, 바로 이 후안 세바스티안 엘카노가 스페인 바스크 지방 기푸스코아 주 헤타리아 출신인 것이었다. 결론인즉 이곳 헤타리아가 사상 최초로 세계 일주를 성공한 인물을 배출한 마을이었던 것이다.

아무튼 이 마을을 벗어나기 전 유리 어깨가 부담스럽지만, 헤타리아 슈퍼마켓에 들러 우유와 빵 그리고 사과 1개 등 비상식량을 배낭에 보태게 된다. 사실 필자처럼 짐이 부담스러운 순례 여행자들을 위한 짐 배송 서비스가 있다. 출발하는 숙소부터 도착하게 되는 숙소까지 또는 원하는 날, 원하는 숙소까지 가능하다. 그럼에도 지금 절실한 이 서비스를 이용할 수 없는 것은 4월 1일부터 10월 말일까지만 이 서비스가 제공되기 때문이다.

순례자 숙소 역시도 주로 이 기간에 운영된다. 따라서 이 기간이 순례 여행 시즌인 것이다. 따라서 산티아고 순례는 일 년 어느 때도 가능하지만, 이런 서비스가 이루어지는 시즌 이외의 기간에는 적잖은 불편함이나 어려움을 각오해야 하는 듯싶다.

헤타리아 중심을 벗어나면서 구릉지로 들어선다. 구릉지를 두 차례 넘어선 이후 세 번째 구릉마루가 두 번째 포스트 마을 아스키즈 쿼터*Askizu Quarter*이다. 싸라우츠로부터 약 6.5km 거리인데, 순간 방심으로 길을 잘못 들어 다른 세 번째 구릉마루를 지나 다시 더 높은 산 봉우리로 향하게 된다. 그렇다고 되돌아가기에는 너무 늦었다.

다행히 필자가 택한 길도 세 번째 거점 마을로 이어지는 순례길과 곧 합류하게 된다. 잘못 들어선 구릉 마루에서 세 번째 포스트 마을인 쑤마이

아*Zumaia* 항구 전경을 조망하며 사과도 먹으면서 긴 호흡의 시간을 누려본다. 쉬려고 보니 언덕마루 풀밭이 잔뜩 물기를 머금고있다. 우비옷 상·하의를 깔고 고어텍스 점퍼까지 깔고는 그 위에 등산화도 벗은 채로 배낭을 베고 길게 누워 무념무상에 잠겨본다. 바로 이 순간만큼은 필자에게 이곳이 천국과 다름없다. 육신의 고통과 번뇌에서 자유롭고 순간이나마 아무런 욕심이 없는 무욕의 경지에 있기 때문이다. 달콤한 휴식이 어깨의 부담을 많이 덜어주었지만 그 내구 시간이 오래 지속되지는 못한다. 구릉지 등성이 양목장이 있는 곳에서 본래 순례길에 합류하여 이내 구릉지를 내려서 쑤마이아에 이르게 되지만 또 다른 휴식을 요구할 정도로 유리 어깨에 통증이 밀려온다.

쑤마이아 어느 레스토랑에서 스탬프를 받으며 좀 휴식을 취하는데, 필자 트랭글앱으로는 11km 진행한 거리이지만, 순례길 앱 Buen Camino 상으로는 이제 9.5km가량 왔고 아직 12.5km를 더 가야 하는 위치이다. 아직 거점 포스트 두 개를 더 지나야 오늘 기착지인 데바*Deba*이다. 숙소를 나선 10시 30분 이후 4시간 30분 이상 경과하여 이미 15시를 넘어서고 있다. 휴식을 짧게 하고 서둘러 가던 길을 재촉해야 한다.

쑤마이아 포구에 놓인 다리를 건너 올드 타운(Old Town)을 지나면서 구릉지를 오르게 되는데, 앞서 가던 여성 순례객이 길을 잘못 들어섰다며 되돌아 나온다. 필자처럼 루트를 완벽하게 안내해 주는 Buen Camino 앱을 활용하지 않고 가이드 기능이 없는 다른 순례길 정보에 의존하여 순례 여행을 진행하는 듯하다. 필자가 정확한 길로 이끌어주게 되면서 인사를 나눠보니 필자처럼 3일 전에 이룬*Irun*에서 시작하여 그제는 산 세바스티안*San Sebastian*에서 머물렀고, 어제는 필자도 쉴까 하고 잠시 갈등했던 오리오*Orio* 마을의 산 마르틴*San Martin* 순례자 숙소에서 머물렀다고 한다. 넓은 숙소에 오로지 혼자였다면서 필자 역시 망설이다 결국 지나쳤다는 얘기에 다소 아쉬움을 표한다.

전날 필자보다 짧은 거리를 소화한 만큼 필자와 만난 지점까지는 필자보다 6km가량을 더 걸은 셈이다. 그래서인지 이미 힘들어하며 인근 구릉마루에 있는 산타 클라라(Santa Klara) 순례자 숙소에 체크인하는 것으로 이날 일정을 마치겠다고 한다. 따라서 짧은 만남 끝에 그녀를 뒤로한다. 이번 북부 순례길은 대략 840km 거리이고, 필자가 이용하는 Buen Camino 앱은 이를 34일 일정으로 스케줄 관리까지 해주는 데 반해 독일 베를린에서 왔다는 그 여성 경우는 어떤 형태로 일정 관리를 하고 있는지 모르겠다.

이번에는 보다 높은 구릉지에 올라서 엘로리아가*Elorriaga*라는 오늘 네 번째 거점 산골 마을을 지나는데 이미 5시를 넘어선다. 방목을 마친 양떼들도 집으로 향하고 있다. 앞으로 다섯 번째 거점 마을 이치아르*Itziar*까지는 5km 남짓 남았고, 오늘 기착지 데바까지는 8.5km가량 남아있다. 19시까지 도착하기는 다소 어려울 듯하기에 부지런히 가야겠다 싶다.

어깨 통증 부담으로 쉽지 않은 진행이지만, 평탄한 해안 포장도로보다는

구릉지 비포장도로가 그래도 매력적인 것 같다. 특히 발바닥에 물집 생길 걱정을 하지 않아도 되기 때문이다. 이치아르로 가는 길이 대체로 구릉지 비포장도로이지만 만만치는 않다. 계속 구릉지를 업다운해야 했고, 이치아르를 1km 채 남지 않은 지점에서는 골짜기로 한없이 내려가서는 다시 올라야 했는데, 그 과정에서 골짜기에 있는 독립가옥을 지날 무렵 목줄이 풀려있는 공격적인 개들을 맞닥뜨리는 아찔한 경험도 해야 했다.

제법 덩치가 큰 개 한 마리가 맹렬하게 짖어대며 다가오고 있었고, 또 다른 한 마리 또한 다가오고 있었다. 다가오던 사나운 개가 시종 필자 눈의 견제를 받아 필자 뒤쪽으로 방향을 돌렸고, 필자 역시 그놈의 도발을 막기 위해 그놈을 따라서 방향을 돌며 그놈을 견제하고 있는 사이, 맙소사! 나머지 한 마리가 무방비 상태의 필자에게 이미 근접해 와있었다. 하지만 다행히도 그 녀석은 필자를 공격하지 않았고, 오히려 반전이 전개되었던 것이 동료 개에게 이 나그네는 나쁜 사람 같지 않은데 너는 왜 그렇게 난리치고 있냐고 꾸짖는 듯한 태도를 보이며 집으로 되돌아갔다. 그 개는 동료 개로서 마지못해 합류했다가 필자가 위협적이지 않은 단순한 나그네라는 판단을 내렸기 때문인 듯했다. 그러자 필자 진로를 막아섰던 그 고약한 개도 기세가 꺾였는지 필자를 멀찌감치 피해서 제집으로 돌아가면서 필자가 시야에서 사라질 때까지 소심하게 짖어댈 뿐이어서 고비는 이미 넘어선 것이었다

이런 해프닝을 거쳐 골짜기를 올라 당도한 이치아르는 꽤나 높은 위치에 있는 산간 마을이다. 다소 떨어진 아래 지점에는 고속도로와 휴게소가 보인다. 이치아르 마을을 지나며 레스토랑을 들리려는데, 레스토랑들이 모두 휴점 중이고 숙소 역시 마찬가지이다. 결국 허기진 상태에서 오늘 기착지 데바 마을로 향하지만 데바에 도착했다고 해서 오늘 일정이 쉬이 끝나는 것은 아닐 것 같다. 오는 과정에서 틈틈이 'Buen Camino 앱'을 통해 확인한 바로는 데바에 필자에게 허락되는 숙소는 없다. 데바에 통상 연중무휴로 운영하는 5유로에 불과한 순례자 숙소는 잠정 휴업 중으로 되어있고, 그 외 유일한 숙소는 이미 예약이 마감되었기 때문이다.

우려와 달리 이치아르 마을 뒷편 남쪽 높은 산마루를 넘지는 않고, 이치아르 마을 교회에서 서북 방향 언덕 하나를 감아돌며 이치아르를 벗어난다. 이때 시각이 19시를 막 넘어서고 있는데, 교회 종소리가 울려 퍼지고 있고, 유난히 강한 바람이 불어댄다. 서서히 어둠이 깔리는 시각에 다시 넘어야 하는 높잖은 구릉마루에 농촌 민박형 숙소 하나가 있지만 4월부터 운영 예정인 숙소이다.

급한 경사길을 이용해 데바 마을로 내려가는 길 중간에 예배당(San

Roke Baseliza) 하나가 있고, 그 건너편에 불켜진 2층 집이 있다. 잠시 배낭을 벗어내리고 교회 계단 아래에서 휴식 시간을 갖는다. 혹 빈 방을 청해볼 수 있지 않을까 싶은 심정으로 2층 집 올라가는 계단을 찾아보지만 찾을 수 없어 시도를 포기한다. 아마 1층 자동 차고문으로 들어가야 2층으로 통하는 계단이 있는 듯하다.

마을로 내려가면서 시야에 들어오는 전경으로 짐작해 볼 때 데바는 결코 작은 시골 마을은 아닌 듯하다. 거의 20시 다 되어서야 내려온 마을 데바에서 숙소는 나중 문제이고, 먼저 시장끼를 해결하기 위해 레스토랑을 찾아보지만 대부분 레스토랑들은 영업을 하지 않고 있다. 다행히 주민의 도움으로 운영 중인 레스토랑을 찾게 된다. 이미 20시를 넘기고 있지만, 티본스테이크가 가능하다고 한다. 숙소

도 문제이지만, 에너지 보충 역시 절대적으로 중요한 일이기 때문에 따라서 일단 배부터 불리고 순차적으로 문제를 풀어보려고 한다. 이곳 종업원이 알려준 숙소는 필자가 이미 예약 마감으로 확인한 곳이다.

식사를 하면서도 인근 다른 지역으로 확장하여 숙소 검색도 하면서 아울러 해당 숙소까지 교통편도 확인하는데, 결국 예약한 숙소는 아침에 떠나온 싸라우츠에 있는 싸라우츠 호텔이다. 암튼 다행히 숙박비도 별로 비싸지 않고, 기차로 접근이 가능하다. 소요 시간 역시 25분에 불과하고,

기차 요금 또한 2~3유로에 지나지 않는다. 식사 중에 이렇게 예약을 마치며 한시름을 놓게 되고는 티본스테이크로 배도 불렀다.

기차를 타는 데바 역은 바로 식당 앞이고, 숙소는 싸라우츠 역에서 450m 거리다. 막차 21시 43분 기차를 타고 도돌이표처럼 싸라우츠로 돌아가 싸라우츠 호텔에 체크인하여 객실에 들어서 긴장을 풀게 된 시각은 22시 20분경이다. 욕조를 갖추고 있어 입욕으로 피로도 달랜다. 고단했지만, 일정도 정상적으로 소화해냈고 숙소 문제도 해결한 만큼 그런대로 유감 없는 하루가 된 듯하다. 여하튼 비수기 숙박 문제의 심각성을 몸소 절감하는 순례 여행이 되고 있다.

맵핑 경로

Zarautz ~ Deba	
Day 3	24.94km
누적 거리	75.73km

Day 4.

2022. 03. 08.
Deba ~ Markina
때로는 간식이 주식... 레스토랑도 문닫은 늦은 밤 가까스로 찾아간 바에서
Gilda핀타를 곁들인 샌드위치로 저녁 식사를 대신하다

    4일째 순례 여행을 위해 싸라우츠*Zarautz*에서 데바*Deba*로 다시 기차를 타고 되돌아간다. 오늘 거리도 24km가량으로 전날과 비슷하다. Buen Camino 앱에 의하면 오늘 기착지 마르키나*Markina*에도 숙소가 없다.

    전날까지 3일간 경험으로 한 가지 새롭게 깨닫게 된 사실이 있다. Buen Camino 앱 기준에 따라 34일간 진행하게 되는 순례길 일정 중에서 하루 소화해야 할 거리가 상대적으로 짧은 반면에 거점 포스트 마을이 많은 일정은 매우 험난한 코스임을 예고해 주는 것이라는 사실이다. 바로 어제 일정이 이러했다 할 수 있다. 거점 포스트 마을들이 경사가 심한 구릉 골과 마루를 업다운하면서 이어졌기 때문이다. 따라서 절대고도보다 누적 고도가 상대적으로 상당히 높았다 하겠다.

오늘은 다행히 첫날과 이튿날처럼 거점 포스트가 두 곳에 불과하다. 이 곳까지 순례길 중 최고 고도인 500m를 넘어야 하지만 전반적으로 업다운 이 심하지 않아 무난한 코스라고 믿어진다. 또한 오늘부터 항구도시 빌바오 Bilbao에 이르기까지 3~4일간은 바다와 멀어져 내륙 산간만을 지나게 되므로 바다를 볼 수가 없게 된다.

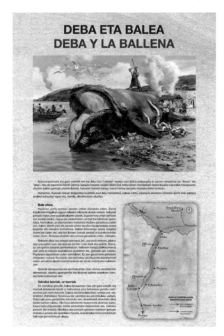

돌아온 데바에서 화장실 볼일 등 심신을 가볍게 하는 과정을 거치고 출발하게 되는데, 알고 보니 데바 는 한때 포경업으로 유명했던 고래 잡이 항구도시였다. 새삼 흥미로운 항구 마을이 아닐 수 없다.

하지만 시작부터 예기치 못한 난 관에 부딪힌다. 마을 중심에 있는 건너야 할 다리가 공사 중이어서 지날 수 없는 것이다. 어쩔 수 없이 데바 강 상류 쪽 다리를 건너기 위해 3km가량을 우회해야 한다. 공사 중인 다리 건너편으로 넘어와 본격적인 일정 소화를 하려니 이미 12시를 한참 넘어서고 있다. 오늘 일정을 정상적으로 소화하려면 시간 관리에 소홀해서는 안 될 것 같다. 오늘 기착지에도 필자가 하루 쉬어갈 숙소가 없는 것 또한 걱정거리이다. 'Buen Camino' 앱에 의하면 숙소가 3~4개 있지만 모두 잠정 휴업 또는 4월 부터 운영한다고 확인되었기 때문이다.

바다와는 멀어지지만, 바다 방향 산등성이 허리길을 돌아갈 때는 멀리 칸타브리아해가 조망되기도 한다. 이따금 초지에 방목 중인 양들도 만나게 되는데 그들은 나그네가 자신들에게 위협적인 존재가 아닌 호기심의 대상인 듯 물끄러미 바라보다가 눈이 마주치면 멋쩍은 듯 시선을 돌리기도 한다.

아무래도 컨디션도 좋지 않은 상황에서 가이드 앱이 알려주는 일정대로 소화하기에는 무리가 뒤따를 듯하여 오늘 첫 번째 포스트 이비리 쿼터*Ibiri Quarter*에 있는 숙소 알베르게 이자르비데 아테르페체아 (Albergue Izarbide Aterpetxea)에 체

크인하여 긴 휴식을 취하기로 마음을 먹게 된다. 그곳은 연중무휴이고 임시 휴업 없이 운영 중인 것으로 확인되기 때문이다. 그럼에도 14시를 좀 넘어서

도착한 이비리 쿼터의 숙소 알베르게 이자르비데 아테르페체아의 문이 닫혀 있고 휴업 중이라는 안내판이 걸려있다. 혹시 몰라 주인에게 전화했더니 휴업 중이라 미안하다며 산을 넘어가려면 6시간 넘게 걸리니까 다시 데바로 돌아가는 게 좋겠다는 조언을 남긴다. 다소 고민스럽지만, 그렇다고 이 정도 일로 되돌아갈 수는 없는 일이라 발걸음을 서두르게 된다.

두 번째 포스트인 오라츠*Olatz*까지는 제법 많이 내려간다. 그곳에는 마르키나*Markina* 이전 마지막 바라고 소개된 선술집이 있어 들러보는데 역시 휴업 중이고, 이미 시간은 15시 30분을 넘어서고 있다. 사실 산에서 어둠을 맞는 것은 별거 아니다. 험한 산도 아니고 헤드랜턴도 준비되어 있기에 어둠이 순례 여정에 걸림돌이 될 수는 없다. 문제는 체력과 정신력이고 체력이 방전되지 않도록 하는 페이스 관리이다. 편한 마음가짐으로 간단한 행동식 우유와 스페인 튀김만두 엠파나다(Empanada)로 요기를 하고 다시 길을 청해보는데, 이제 겨우 10km가량 와있고, 남은 거리는 16.83km나 된다. 시간은 이미 16시가 되어 가고 있어 녹록지 않은 상황이다.

우유와 엠파나다 (튀김만두)

오라츠에서부터 표고 차 350m 가량 되는 520~530m 정도의 산 하나를 막바로 넘게 되는데 다행히 전혀 페이스가 떨어지지 않는다. 이미 정상을 넘어선 지점에서 그라니(Granny) 청사과를 먹으며 숨돌리고 있는 시각은 막 17시를 넘어서고 있다. 가벼운 업다운 정도는 있을 것으로 보이지만 앞으로는 비교적 완만한 하산길만 남은 것 같다.

제법 내려온 지점에서 앱에서 확인되지않은 아르노아테*Arnoate*라는 작은 마을을 지나게 되는데, 마을이라고 독립가옥 한 채와 축사 정도 있는 수준이다. 이 마을 전후로 업힐이 제법 진행되며 산 하나를 허리길로 끼고 돌아 벗어나니 18시가량이다. 아르노아테를 지날 때 가축 사료를 리어카로 나르며 축사로 들어가는 시골 젊은 아가씨 모습이 청순하고 싱그러워 보여 잔상이 쉬이 지워지지 않는다.

아무튼 오라츠 이후 산을 넘어오도록 체력 저하도 되지 않고 오히려 가속이 붙는가 하면 마을이 전혀 없을 것 같았던 곳에서 간간이 독립가옥을 확인할 수 있어 마음이 놓인다. 언제든 어려운 상황에 처하게 되면 도움을 요청할 수 있는 보루같이 여겨지기 때문이다.

그 과정에서 기품 있어 보이는 방범견이나 양, 말 같은 가축들을 만나게 되면서 한결 더 여유로워지게 된다. 18시 30분경 지나면서 만난 독립가옥은 규모가 제법되고 틀이 멋진 저택인데 폐가로 버려져 있다. 다른 독립가옥들과 달리 차량 접근로가 없는 맹지 같은 곳에 위치하고 있기 때문인 듯하다.

19시가 넘어가면서 석양이 물드는가 싶더니 서서히 어두워진다. 칠흑 같은 어둠이 시나브로 깔려올 무렵 헤드랜턴을 밝힌다. 20시가 넘어 대략 23km 지점을 지나면서부터 방향을 서쪽에서 북쪽으로 급선회하게 되고 이후 급하게 다운힐을 하면서 어렵지 않게 아랫마을에 이르게 되는데, 마을 초입에는 야간조명을 밝히고 볼놀이에 여념이 없는 축구장이 자리하고 있다. 스페인이 괜히 축구 강국이 아님을 보여주고 있는 것이다.

이후 평지로 쭉 이어져 있는 몇몇 마을들을 지나면서 결국 마르키나-제메인 우달레체아(Markina-Xemein Udaletxea, 마르키나 제메인 시청)에 이르면서 오늘 일정을 매듭짓게 되는데, 이때 시각 21시를 막 넘긴 시각이지만, 예상보다는 1시간 정도 일찍 도착한 것이다.

이제 마지막 남은 걱정거리는 단 하나, 숙소 문제인데 숙소앱으로 검색해 보니 마르키나에서 멀지 않은 에체바리아-Etxebarria 마을에 숙소가 확인된다. 팬션(Pension) 형태의 민박집이다. 대중교통이 이미 끊어진 시각이라 2.5km 거리인 숙소까지는 걷거나 누군가의 차량 도움을 받아야 한다. 때마침 히치하이킹으로 예쁘고 착한 젊은 여성의 승용차를 얻어 타게 되면서 숙소 앞까지 손쉽게 이동하게 되어 오늘 역시 숙소 문제를 어렵지 않게 해결하게 된다.

21시 30분경에 체크인한 어느 팬션은 우리나라 펜션과 다른 개념으로 주방 시설은 갖추지 않은 민박 형태이다. 따라서 레스토랑 영업도 끝난 시각이라 저녁 식사가 간단치 않은 상황이다. 그나마 아직도 영업 중인 바를 찾아가 그곳에 남은 유일한 먹거리인 샌드위치와 감자파이로 저녁을 대신했다. 우연히 그곳에서 술안주 같은 올리브-멸치-고추 피클 꼬치를 경험하게 된다.

처음 먹어보는 꼬치지만, 아싹하고 새콤함이 닭고기 샌드위치의 텁텁함을 상쇄시켜 주는 게 김치나 깍두기가 부럽지 않다. 입맛에 잘 맞아 7꼬치를 순간 먹어 치웠는데, 이 훌륭한 피클 꼬치는 힐다(Gilda)라고 불린다. 저녁을 간식거리로 대신하지만 뜻하지 않게 힐다라는 먹거리를 알게 된 것은 필자에게 있어 신천지를 발견한 것만큼이나 가슴 벅찬 일이다.

스페인에는 한 입 안주 타파스(Tapas)가 있는가 하면 스페인 북부 바스크 지방에는 이를 꼬치로 변형시킨 핀쵸스(Pintxos)가 있는데, 바로 필자가 경험한 힐다가 바로 꼬치 음식 핀쵸스의 효시라고 한다. 참고로 바스크 지방에서는 철자 'tx'가 들어간 용어를 심심치 않게 만나게 되는데, 'tx'는 'ch[츠]'로 발음된다.

15세기 후반 통일되기까지 중세 스페인 이베리아 반도는 5개의 기독교 왕국과 북아프리카에서 진출한 이슬람 왕국으로 나뉘어 발전해 온 역사를 갖고 있는 만큼, 해당 지역들은 오늘날에도 철자와 발음이 상이한 언어들을 가지고 있다. 그중에서도 바스크 지방만큼은 스페인어와 전혀 유사성을 찾아볼 수 없는 독특한 언어체계를 지니고 있다고 한다. 바스크어는 바로 한국어와 같은 우랄알타이어로 바스크족의 조상이 고구려 유민의 후손일 것이라는 주장이 있기까지 하다.

맵핑 경로

Deba ~ Markina	
Day 4	27.34km
누적 거리	103.07km

2022. 03. 09.

Markina ~ Gernika Lumo

한밤중 어둠을 헤치고 스페인 현대사

최고의 비극으로 몸서리쳤던 게르니카에 이르다

오늘 진행하려는 코스는 피카소 작품으로 유명해진 게르니카Gernika에 이르는 구간이다. 무려 8개의 거점 포스트를 거쳐야 하고, 거리 역시 26km가량으로 다소 긴 편이며, 거점 마을간 구릉지 업다운이 대체로 평이할 것으로 예상된다. 하지만 오늘 역시 게르니카에 예약 가능한 숙소가 없어 6번째 포스트 마을 멘다타Mendata까지만 가려고 한다. 따라서 거리도 18km 전후로 단축될 것이다.

바스크 지방의 작은 마을 게르니카는 스페인 내전 당시 독일의 무자비한 폭격으로 인해 수많은 민간인이 학살당했던 비극적인 마을로 유명하다. 내전 당시 우파 프랑코 반란군과 신무기 성능 테스트가 필요했던 독일 나치 정권과의 밀약 하에 저질러졌던 만행이었는데, 피카소가 이를 소재로 그린

Markina		25.47 KM
Gernika-Lumo		EDIT

| 13.04 | 12.50 | 948.47 | 855.45 |

2.29 KM — Iruzubieta

1.21 KM — Bolibar

3.49 KM — Ziortza-Bolibar (Zenarruza)

0.56 KM — Gerrikaitz (Munitibar)

6.08 KM — Munitibar

3.00 KM — Mendata

2.70 KM — Marmiz

2.18 KM — Mendieta

Gernika-Lumo

작품 「게르니카(Gernika)」로 이 만행을 세상에 폭로한 바 있다.

아마 이런 게르니카는 내일 오전에나 경유하게 될 듯하다. 머물렀던 에체바리아*Etxebarria* 마을에서 소형 마을버스로 오늘 트레킹을 시작할 마르키나*Markina*로 이동하는데 요금은 1.35유로이다. 어린아이를 데리고 타는 아기 엄마의 유모차를 운전기사가 직접 차량 뒤편 트렁크에 실어주고는 출발한다. 서유럽의 대중교통들은 일반적으로 휠체어와 유모차나 접이식 자전거 등의 탑승이 가능한 시설이나 공간을 확보하고 있지만, 이렇게 시골 마을에서 운행되는 소형 마을버스조차 이런 서비스를 당연시하는 모습이 인상적이지 않을 수 없다.

내전 당시 큰 피해를 입었던 바스크 지방은 20세기 말까지도 바스크 분리주의자들이 주도하는 무장투쟁이 빈번했는데 2004년 스페인 좌파 정부가 이들의 자치권을 인정해 주면서 항구적인 정전이 이루어지고 있다. 암튼 조상이 고구려 후손일 것이라는 주장이 제기되기도 하는 바스크족은 스페인과 언어가 완전히 다른 민족으로 스페인 북부와 피레네 북서부 국경 일대 스페인과 프랑스에 분포되어 살고 있다.

시청이 스페인어로는 아윤타미엔토(Ayuntamiento)지만, 바스크에서는 우달레체아(Udaletxea)라고 불린다. 오늘 순례길은 마을버스로 이동하여 도착한 마르키나 우달레체아(Markina Udaletxea)에서 시작된다. 전날 이 곳에서 순례 여행을 마쳤기 때문이다.

실개천 따라 남서쪽 방향으로 진행하며 순례길 도상에 있는 음용수로 물통을 채운다. 순례 여행 중에는 이러한 식수대를 심심치 않게 만나기 때문에 마실 물 걱정은 안 해도 되는 듯 보인다. 창고들이 운집해 있는 산업단지를 지나 약 4km 거리에 있는 첫 번째 포스트 마을 이루주비에타*Iruzubieta*에 이르러 어깨를 잠시 배낭으로부터 해방시킨다. 쉴 때는 확실하게 등산화도 벗고는 벗은 등산화를 베개 삼아 벤치에 눕기도 한다. 같은 시간을 쉬더라도 보다 효율적인 휴식을 위해서이다. 1시간가량 와서 10여 분 숨을 돌리고 다시 배낭을 들쳐 메니 대략 12시경이다.

12시 40분경 두 번째 포스트 마을 볼리바르*Bolibar*에 이르게 되는데 짐작한 대로 완만한 구릉지를 오르내리지만 그 과정이 그다지 힘들지는 않다. 순례길은 본래 마을을 지날 때 가장 역사성 있는 올드타운 중심을 지나

도록 설계되어 있는데, 이를 감안하더라도 볼리바르 거리는 그윽하게 아름답다. 그 거리 중심인 볼리바르 시청 앞에는 시몬 볼리바르(Simon Bolivar) 기념비가 있다. 시몬 볼리바르는 무력투쟁을 이끌어 라틴아메리카 북부 지역 대부분 나라들을 스페인에서 독립시킨 건국의 아버지라고 한다. 따라서 볼리비아*Bolivia*의 경우는 그의 이름을 빌려 만들어진 국명이기도 한데, 그가 무슨 연고로 이곳 마을에 기념비와 마을명으로 남겨져 있는지 알 수 없다. 그는 이 마을이 아닌 베네수엘라 태생이기 때문이다. 참고로 바스크 지역에서는 철자 V를 B로 표기하기에 Bolivar가 Bolibar로 표기된다.

이후 세 번째 포스트인 쎄나루싸 모나스터리(Zenarruza Monastery) 수도원은 볼리바르에서 1.2km 정도의 지근거리에 있는 구릉지 윗마을이라 다소 가파르게 올라야 하지만 수도원 단지가 고색창연한 멋스러움을 자랑한다. 이곳에는 21개 침상을 갖춘 순례자 숙소가 도네이션 방식으로 연중무휴로 운영된다고 한다.

볼리바르를 지나올 때 살짝 내비쳤던 비가 수도원에 다다를 즈음 제대로 내리고 있는데, 돌풍 같은 바람이 간헐적으로 뒤따르고 여전히 뿌연 하늘 한편에서는 햇살도 비추고 있다. 비와 햇볕과 돌풍이 공존하는 오묘한 날씨가 아닐 수 없다. 수도원에서 쉬는 동안 살갑게 다가온 고양이가 필자 무릎 위

에 살포시 앉아있어 필자 역시 쉬이 떠나지 못한다. 이러저런 이유로 40분가량의 휴식 끝에 등산화 끈을 고쳐 매고 순례 여행을 재개한다. 수도원을 벗어나며 명상길 같은 리키타 소나무길을 지나고는 평탄한 언덕 하나를 넘게 된다.

그리고는 이곳부터 오늘 네 번째 거점 마을 게리카이츠*Gerrikaitz*와 이와 지근거리의 무니티바르*Munitibar*까지는 줄곧 내려가기만 하면 된다. 급히 내려가던 나무데크 계단 중간에 쓰러진 소나무 하나가 낮은 게이트처럼 걸쳐져 있다. 아마 순례길을 낮고 겸손한 자세로 임하라고 넌지시 알려주는 듯하다. 하지만 허리를 다칠 우려가 있어 허리를 숙이기보다는 다리를 낮춰서 오리걸음으로 그 밑을 지난다. 마을로 향하는 중간에 운치 있는 숙소 건물을 만난다. 까사 루랄 가로(Casa Rural Garro)라는 시골 민박집으로 4월부터나 운영하는 곳이다.

15시 전후로 게리카이츠와 무니티바르를 잇따라 지나게 되면서 처마가 있는 길가 어느 빈집 현관 계단에 걸터앉아 준비한 샌드위치로 요기를 한다. 부슬부슬 비가 오고 있기 때문이다. 이쪽 바스크 지방의 샌드위치에는 해안 지방답게 필자가 먹고 있는 게맛살이나 참치 등 해산물이 들어간 샌드위치가 많다.

이곳부터 오늘 필자가 머물 예정인 멘다테*Mendate*까지는 6km 정도가 남아 1시간 30분 후인 17시 전후에 이르게 될 것 같다. 멘다테를 향하며 게리카이츠-무니티바르 시청(Udaletxea)을 지나면서 다시 언덕을 오르기 시작하여 오늘 가장 높은 해발 386m 구릉지를 단숨에 넘게 된다. 이후 낮은 구릉지를 지나 멀리 서북 방향으로 보이는 구릉마루 마을이 오늘 쉬어갈 멘다테일 것이라고 무심코 예단하고는 가이드 앱을 더 이상 살피지

않게 된다. 때로는 이런 속단이 길을 놓치게도 만드는데, 다행히도 필자가
향하는 방향의 언덕마루에 있던 아낙들이 소리를 질러대며 잘못된 길로
접어들었음을 일깨워줘 불필요한 수고를 덜고, 다시 정상적인 순례길로
회귀하게 된다.

17시 30분경 예상보다 다소 늦게 여섯 번째 포스트 마을 멘다테에 있는
순례자 숙소에 이르게 된다. 어제같이 휴업 중인 상황이 재연될까 하는

우려가 있었으나 불이 켜져있고 사람들도 눈에 띄어 순간 안도하게 된다. 하지만 이런 안도감은 이내 실망감으로 뒤바뀐다. 막상 만난 호스트 얘기가 수리 작업 중이라 아직 운영하지 않고 있다고 하는 것이었다.

별수 없이 게르니카Gernika로 발길을 향하게 되는데 8km가량 남은 상황이다. 멘다테에서 3km 거리의 일곱 번째 거점 마을 마르미쓰Marmiz를 1km 정도 앞두고 고개마루에 있는 산 토마스(San Thomas) 예배당 앞에서 사과로 에너지를 보충하며 호흡을 가다듬는다.

이후 예배당에서 골짜기로 내려가 계천길을 따라 내려가다 구릉지를 올라 마르미쓰 마을을 지나고도 제법 꽤나 고도를 높여서야 오늘 마지막 거점 멘디에타Mendieta를 향해 내려갈 수 있게 된다. 산 토마스 예배당에서 제법 내려가 도움닫기한 지점이 워낙 낮은 지형이다 보니 절대고도보다 상대 표고 차가 컸기 때문이다.

암튼 제법 규모가 큰 주님승천교회(Iglesia de la Ascensión del Señor, 이글레시아 데 라 아센시옹 델 세뇨르)가 있는 멘디에타를 지나고도 이미 어둠이 짙어진 시각에 목장 들판을 지나 결국 게르니카에 이르게 된다. 숙소를 구하기 위해 차라리 빌바오Bilbao로 나갈 생각을 하면서 일단은 오늘 일정을 매듭지을 게르니카 평화박물관(Museo de la Paz)으로 향한다.

그런 과정에서 틈틈이 정보 검색을 해보니 빌바오까지 거리는 30km가량이고, 버스로 1시간가량 소요되며 교통비는 불과 2.55유로이다. 에어비앤비나 Booking.com으로 확인한 숙소들 역시 다양하게 있으며 가격도 괜찮다. 하지만 이런 수고를 덜게 해줄 행운이 뒤따른다. 도착한 박물관 근처에서 불 켜진 호텔을 발견하게 되어, 밑져야 본전이라는 심정으로 노크해 본 결과 뜻밖에 남은 방이 있다고 하는 것이었다.

분명 여러 숙박 앱과 구글 검색에서는 게르니카에 이용 가능한 숙소가

없는 것으로 확인되었는데, 마치 횡재를 한 기분이다. 숙소를 찾아 빌바오로 나가는 수고를 덜게 되며 안식처를 찾은 게르니카에서 5일째 일정을 산뜻하게 마무리하게 된다.

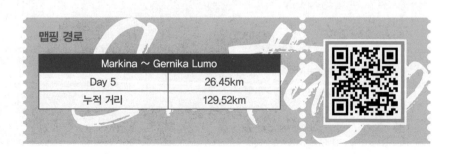

맵핑 경로

Markina ~ Gernika Lumo	
Day 5	26.45km
누적 거리	129.52km

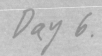

2022. 03. 10.

Gernika ~ Lezama

숙소난을 해결하기 위해 Bilbao를 찾게 되고,

이날부터 Bilbao를 세 구간 순례 여행의 근거지로 삼게 되다

전날 17시 30분경 이르게 된 멘다테*Mendate*에 머무를 예정이었던 순례자 숙소가 공사로 휴업하는 통에 어쩔 수 없이 그로부터 8km 거리의 게르니카*Gernika*에까지 오게 된 것이 불운인지 행운인지 헷갈린다.

암튼 어제도 20시 20분경 깜깜한 어둠을 헤치고 게르니카에 이르렀으니 어제 그제 이틀 연속 야간 트레킹을 한 셈이다. 예기치 못한 변수를 만났기 때문이기도 하지만, 보통 11시 전후로 하루 일정을 너무 늦게 시작하는 탓도 있다.

그리고 보니 필자는 게으른 건지 굼뜬 건지 느긋한 것인지 늘 시작이 늦어왔다. 투르 드 몽블랑(Tour de Mont-Blanc)이라고 불리는 몽블랑 트레킹, 산티아고 순례길 카미노 포르투게스(Camino Portuguese), 돌로미테

알타 비아*Alta Via* 트레킹 등을 경험할 당시도 보면 늘 꼴찌로 숙소를 나서 곤 했다. 다른 여행객들이 7시 전후로 서둘러 산장이나 순례자 숙소를 나설 때 그들이 부산을 떠는 소음에 뒤늦게 마지못해 일어나서 일과를 시작하고는 했던 것이다.

이번 경우는 거의 호텔 등에 혼자 머물러가며 진행하다 보니 이른 아침 부산거림으로 필자 수면을 방해할 룸메이트들도 없어서 지각 출발 정도가 보다 극심해진 것 같다. 그럼에도 오늘 게르니카에서만큼은 부지런을 떨어 출발 전에 미리 피카소의 게르니카 벽화를 보러 다녀온다. 도시 곳곳 폭격이 있었던 참사의 현장에는 당시 처참한 모습을 담은 사진으로 그날의 비극과 그로 인한 아픔을 상기시켜 준다.

이후 10시 20분경 출발한 오늘 코스는 3곳의 거점 마을을 지나 레싸마 *Lezama*에 이르는 대략 20km 거리에 불과한 일정이라 별 무리가 없을 것으로 기대된다.

도심을 벗어나기 전에 아돌포 우리오스테*Adolfo Urioste* 거리와 파블로 피카소*Pablo Picasso* 거리가 만나는 지점에서 호세 마리아 이파라기레 (Jose Maria Iparraguirre) 청동상을 만나는데, 그는 게르니카코 아르볼라 (Gernikako Arbola) 작곡으로 유명한 바스크 음유시인이자 음악가이다. 그의 노래 「Gernikako Arbola」는 '게르니카의 나무'라는 의미로 바스크 지방의 자유를 상징하는가 하면, 「Gernikako Arbola」는 바스크 자치정부의 국가(國歌)이기도 하다.

이후 서북 방향으로 2km가량 종횡으로 걸어서 게르니카에서 벗어나 만나게 되는 구릉지로 들어선다. 그동안 비교적 숙면에 가까운 잠을 자서인지 깨어나면 전날의 피로를 잊은 듯 개운했지만, 막상 일정을 시작하면 늘 오전이 더 힘들었다. 오늘 역시도 예외가 아니다. 아마 정신은 깨어나도 몸은 덜 깨고, 도파민이나 엔도르핀 같은 보상 호르몬이 분비되기에는 운동량이 부족한 상황이라서가 아닐까 싶다.

구릉지 오르막길 중간 이정표가 있는 곳 주변에 동양적인 분위기의 돌탑(Cairn, 캐른)들이 있어 이들 모습을 사진에 담으며 숨돌리는 시간을 가져본다. 첫 번째 거점 포스트는 시작 지점부터 대략 10km 거리에 있는데, 아마도 지금 구릉지만 넘어서면 그곳 첫 번째 포스트까지 7km 정도의 거리가 남게 될 것이고, 구릉지 역시 평이하게 이어지지 않을까 예상된다.

12시 40분경 일단 해발 270m 정도 높이의 구릉지 산 하나를 넘어와서 6km 채 안 되는 곳에서 순례객 숙소를 만난다. 참으로 멋스러운 순례자 숙소 카세리오 포쑤에타(Albergue Caserio Pozueta)이다. 이곳 정원 식탁에서 간식으로 에너지 보충을 하면서 30분가량 머물게 된다.

앞으로 4km 전후 거리에서 고도 360m가량의 구릉지를 오르게 되면 첫 번째 포스트 무지카&모르가 *Muxika&Morga* 마을을 만나게 될 것이다. 14시 20분 현재 아직 첫 번째 거점 마을에 이르지 못한 채 대략 9km 지점에서 어깨의 통증을 달랜다. 가방 무게에 시달린 어깨의 아픔으로 업힐 과정이 다소 더디어지고 있기 때문이다.

오늘은 레싸마*Lezama*에 도착하여 오늘 순례길 일정을 마치게 되면 바로 내일 기착지인 빌바오*Bilbao*까지 버스로 이동해서 그곳에서 숙소를 잡아 쉬게 될 것이고, 내일 순례 여행은 대부분 짐들을 숙소에 놓아두고 작은 색(Sack)에 점심과 간식 정도만 챙겨서 일정을 진행할 생각이다. 빌바오는 바스크 지방의 중심 도시인 만큼 인근 작은 마을들과 이어주는 대중교통망이 잘 구축되어 있어 보인다. 따라서 빌바오에 3박 정도 하면서 빌바오 전후에 있는 3~4구간 정도는 이와 같은 방식으로 순례 여행이 가능할 것으로 예상된다.

빌바오에서 주로 먹고 자면서 4구간 순례 여행을 하며 누릴 수 있는 장점이라면 우선 기착지 마을에서 구하기 어려운 숙소 문제를 일단 해결한다는 점이고, 게다가 무엇보다 이 기간에는 불필요한 짐들은 숙소에 보관해 두고 짐을 최소화하여 순례 여행을 진행할 수 있다는 점이라 하겠다.

코로나 팬데믹 상황 비수기에는 순례 여행을 하면서 단순하게 낭만적으로 이국적인 풍광을 보고 즐기면서 때때로 이러저러한 한계를 극복하는 것 이외에도 빌바오에 숙소 예약을 한 것처럼 걷거나 쉬면서도 수시로 그날그날 기착지 숙박 정보를 검색해야 한다. 여의치 않은 경우 기착지 인근 지역으로의 교통 정보도 확인하여 대안을 찾아내야 한다.

10km 지점 첫 번째 포스트 무지카&모르가 마을 구릉마루를 넘어 내려서 남동쪽으로 방향을 선회하여 단순한 구릉지가 아닌 가파른 산을 오르게 되는데, 그 초입에는 자전거 순례 여행객을 위한 별도의 포장된 우회길이 있다. 이처럼 순례길은 도보와 자전거 여행 모두가 가능하도록 설계되어 있다. 2km 거리의 산림지대 정상을 빠져나와 언덕 개활지에서 유칼립투스 나무가 무성하게 조림되어 있는 주변 산림을 바라보며 샌드위치로 늦은 점심을 대신한다.

식사를 겸한 30분 가까운 휴식 이후 출발하게 되는데, 16시가 가까워 오고 있다. 대략 18시 30분 전후로 오늘 일정 매듭이 가능할 것 같다. 16시경 두 번째 포스트 마을 고이콜렉세아*Goikolexea*까지 3.3km 남았음을 알려주는 이정표를 지나면서는 급경사로 내려가게 된다. 이후 몇몇 작은 마을들을 거쳐서 16시 50분경 고이콜렉시아를 지나는데, 이곳까지 운행되는 대중교통이 있어 절로 반갑다.

지나온 마을길이 포장도로라서 다소 아쉬웠는데, 내려오는 과정에서 어

느 건물 벽에 적힌 "Freedom For The Basque Country And Their Political Prisoners!"라는 정치적 메시지를 보게 된다. 정치범을 석방하고 바스크 지방에 자유를 달라는 내용이다. 이 밖에도 "This Is Not Spain Nor France. Euskal Herriak Indepenentzia(이곳은 스페인도 프랑스도 아니다. 바스크 독립)", "Freedom Basque Prisoners(바스크 구속자 석방)" 등의 정치적 구호들을 담은 담벼락 낙서들이 여전히 바스크 지역에 잠재되어 있을지 모르는 뿌리 깊은 갈등을 엿보게 해준다 하겠다.

이후 17시 20분경 세 번째 포스트 마을 라라베추*Larrabetzu*를 관통해 지나는데 광장 한켠에 격조있어 보이는 순례자 숙소 라라베추 알베르게 (Larrabetzu Albergue)가 있지만 역시 임시 휴업 중이다. 이후 북서쪽으로 방향을 바꿔서 3.5km가량 이동하여 오늘의 목적지 레싸마에 이르게 된다. 18시 10분가량으로 그동안 순례길 일정 중에서 가장 일찍 마치게 된 것이다.

내일은 이곳 레싸마에서 빌바오까지 10km 남짓뿐이 안 되는 짧은 코스가 기다리고 있고, 이곳에서 빌바오까지는 버스로 45분 거리 정도이다. 따라서 빌바오에 숙소를 잡아 오늘부터 3박 체류하면서 이 기간 배낭을 숙소에 두고 점심거리만 작은 색(Sack)에 챙겨 가뿐하게 날듯이 일정을 소화하려 한다.

맵핑 경로

Gernika ~ Lezama	
Day 6	20.6km
누적 거리	150.12km

빌바오*Bilbao*에서 레싸마*Lezama*까지 버스로 이동한다. 배낭을 빌바오 숙소에 두고 와 부담을 덜은 어깨가 들썩거리며 춤이라도 출 것 같은 기세이다. 셋째날 쑤마이아*Zumaia*에서 본 것을 마지막으로 그 이후로는 단 한 사람의 순례 여행객조차 만나지 못한 채 줄곧 혼자이고, 오늘 역시도 마찬가지일 듯싶지만 나 홀로 순례길 여행이 외롭지는 않다.

마음속으로 함께 걷고 있다고 마음을 전해주는 독일 친구 사브리나 샘-베일(Sabrina Sam-Bale)도 있고, 스페인 남부 알메리아*Almeria*에서 모자라베*Mozarabe* 산티아고 순례길을 여행하고 있는 라트비아 청년인 막심 본테(Maxim Bonte)의 응원도 있기 때문이다. 그런가 하면 페북에 그날 그

날 여행기를 올리기 무섭게 속편이 기다려진다면서 각별한 관심을 보이고 있는 크로아티아 경관인 조셉 토르 아르테미스(Joseppe Tor Artemis)와 3년 전 포르투갈 순례길에서 만났던 영국 신사 숀 샤페이(Shaun Chafey)의 응원도 있기 때문이다.

사브리나 또한 포르투갈 순례길에서 만났던 친구로 지난여름 라이프치히*Leipzig*에 있는 집으로 초대해 줘 역시 같은 순례길 동지인 그의 남자 친구 필립 야니치(Philipp Jahnich)와 2박 3일 특별한 추억을 공유한 사이이기도 하다. 그녀는 카미노 델 노르테(Camino del Norte)는 물론 독일 라이프치히에서 스페인 산티아고까지 3,402km 순례길을 소화해낸 철녀이기도 하여 자신의 경험을 바탕으로 적절한 조언도 아끼지 않고 있다.

막심 본테는 몰도바 수도 키시나우의 한 호스텔에서 만난 바 있는 아프리카, 남미를 너머 남극까지 다녀온 오지 탐험 여행가이고, 조셉 토르 아르테미스는 필자가 먼저 알고 있는 크로아티아 경관 이반 바르비르(Ivan Barbir)의 동료 경찰관으로 필자가 지난 가을 자그레브 방문했을 때 이반 바르비르 대신 필자 숙소로 찾아와서는 자신이 운영하는 놀이캠프(Vision Paintball Zabavni Park -https://m.facebook.com/VisionPaintballZabavniPark/)로 데려가 Off-Road Vehicle이나 Zip-

Lining 등을 경험해 보게 하고, 식사 대접에 Herbal Liquor까지 선물로 줘서 황송하게 만들었던 친구이다.

빌바오에서 A3223번 버스를 타고 정확히 22분 만에 레싸마에 도착하여 빌바오까지 순례길을 이어가게 되는데, 요금은 1.5유로이다. 오늘 구간은 불과 11km 거리도 채 안 되는 짧은 거리이다. 아마 힘든 구간이라 짧은 게 아니고 그동안 힘들게 이곳까지 왔으니까 이 구간은 좀 쉽게 끝내고 빌바오에서 볼거리라도 즐기며 재충전하라는 의미일 듯싶다.

참고로 레싸마에서 빌바오 구간을 어제 오늘 왕복으로 이용하게 된 A3223 버스는 전날 순례 여행으로 지나온 고이콜렉세아 *Goikolexea*에서 출발해서 라라베추 *Larrabetzu*, 레싸마 등을 거치고 싸무디오 *Zamudio*를 경유하여 빌바오까지를 오가며 운행되는 버스로 고이콜렉세아에서 싸무디오까지 대략 8km 거리는 순례길과 정확히 일치한다. 포장된 아스팔트나 보도블럭길로 걷기에는 좋은 환경은 아니지만, 계속 진행하기에 무리가 있는 상황에서는 이 버스를 이용하여 빌바오로 탈출할 수 있음을 의미한다 하겠다.

전날 마친 레싸마로 돌아와서 아침 10시 예배당 종소리를 들으며 출발할 채비를 하며 호흡을 가다듬는다. 발걸음은 날듯이 가볍다. 모처럼 무거운 배낭짐에서 해방되었기 때문이다. 양쪽 긴 구릉지 사이 골지형에 기다랗게 형성된 마을인 레싸마에서 싸무디오까지는 3km 채 안 되는데, 싸무디오 시청(Zamudio Udaletxea, 싸무디오 우달레체아)을 지나서는 좌측 구릉지로 오르게 된다. 아마도 이 구릉지 산마루만 넘으면 빌바오일 것이다.

빌바오와 산 세바스티안San Sebastian을 오가며 고속도로를 횡단하는 오버 브릿지를 지나면서 구릉지 산길에 접어드니 빌바오까지는 5.3km 남았다는 이정표가 나온다. 불과 1시간 만에 오늘 진행할 거리의 거의 반 정도는 이미 소화한 것이다.

이곳에서 우유쌀밥(Arroz con Leche)으로 점심을 대신하고, 커피우유 한 모금으로 목을 축이는데, 커피우유는 숙소에서 출발 전에 우유에 커피와 설탕을 첨가하여 필자가 조제한 것이다. 순례 도보 여행 중 오전 커피는 활발한 에너지 대사를 위해 아주 요긴하기 때문이다. 아로즈 콘 레체(Arroz con Leche)라는 우유쌀밥은 유럽에서 애용되는 간식 또는 아침 대용식이다. 포르투갈 순례 여행 중 만났던 사브리나가 필자에게 주어서 처음 맛보게 된 간편식으로 우유로 지은 쌀밥에 단맛 성분과 계피가루가 살짝 곁들여져 있어 먹을수록 그 맛에 친숙해진다.

산길 입구에서 30분가량 넉넉한 브레이크 타임 이후 유칼립투스 나무가 무성한 산림으로 들어간다. 진흙탕길도 지나고 잠시 포장된 산복도로를 따라 걷게 되다가 다시 넓은 비포장 임도를 통해 구릉마루에 올라선다.

빌바오가 내려다보이는 해발 360m가량의 몽테 아브릴(Monte Avril) 전
망대에 다다른 것이다. 이 산 정상 능선 따라서는 참호들이 파여있다. 아
마 스페인 내전 당시 치열한 전투가 있었던 지워지지 않은 상흔이 아닐까
싶다.

이곳에서 379m 몽테 아브릴 정
상에도 올라 빌바오 도시 전경을
조망도 해본다. 네르비온 강(Rio
Nervion, 리오 네르비온) 강하구에
형성되어 있는 모습이다. 정상 일
대 전망대 쉼터에서 1시간가량 머
물다가 빌바오를 향해 발걸음을 내
딛는데, 곧 몽테 아브릴이 산복도
로를 통해 빌바오와 맞닿아 있음
을 알게 된다. 공원화된 정상 부근
을 벗어나자 산복도로를 만나 잠시
도로를 따라 완만하게 내려가다가
는 구도심이 내려다보이는 지점에
서 구비진 위아래 산복도로 사이
를 잇는 계단길을 통하여 마치 구
도심으로 빨려들어가듯 급하게 하
강하게 된다.

그 과정에서 베고냐 성당(Begoñako Basilika)도 지나게 되고는 바스
크 고고학 박물관, 빌바오 박물관 등이 있는 구도심 광장 플라자 바리아

(Plaza Barria)로 내려서게 되며 오늘 구간을 모두 소화하게 된 것이다. 그럼에도 내일 이곳부터해서 지나야 할 시내 중심지, 필자가 머물고 있는 숙소까지 더 진행하여 효과적으로 오늘 일정을 매듭짓게 되었다. 바스크 자치지역의 중심 도시 빌바오는 참으로 아름답고 매력적인 도시라는 생각이 절로 든다.

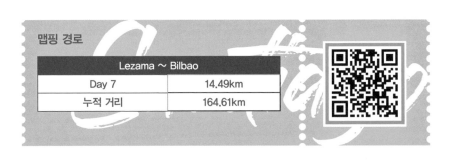

맵핑 경로

Lezama ~ Bilbao	
Day 7	14.49km
누적 거리	164.61km

빌바오 탐방

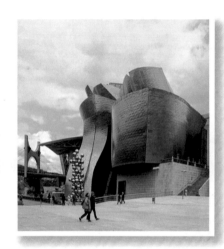

다소 일찍 순례 일정을 손쉽게 마친 만큼, 빌바오에 있는 세계적으로 명성 있는 빌바오 구겐하임 미술관(Guggenheim Bilbao Museoa)을 찾아가 보기 위해 이내 다시 숙소를 나선다.

빌바오는 원래 철강업과 조선업으로 한때 잘나갔던 공업도시였으나 20세기 후반부터 경쟁력에서 밀려나며 점차 쇠락해 가던 침체도시였다. 이렇게 활기를 잃어가던 빌바오가 도시 재생을 하면서 문화도시로 거듭나게 되는데, 1997년에 지어진 구겐하임 미술관(Guggenheim Bilbao Museoa)이 바로 그 중심에 있다.

언젠가 서양 건축사의 대가인 임석재 교수의 강의를 접한 적이 있는데, 서양 건축의 뿌리는 그리스 신전에 있다고 한다. 그리스 신전은 불필요한 장식이 없는 기둥 중심의 건축양식인 만큼 이러한 실용성과 합리성에 기반한 그리스 신전은 고귀한 단순성(Noble Simplicity)이라고 예찬되기까지 한다.

　이미 폐허가 되어있는 그리스 신전에서 시공을 초월한 서정성과 낭만적 아름다움을 느낀 유럽 예술가들에 의해 그리스 신전은 폐허주의의 상징으로 대상화되었다. 이러한 그리스 건축에 대한 관심과 평가는 그리스가 오스만 제국으로부터 독립하게 되면서 약 400년간 유럽인들이 갈 수 없었던 금단의 지역에

서 벗어나게 된 19세기부터 새삼스럽게 조명되기 시작되었으니 실로 2200년 이상의 세월이 흘러간 시점이라 할 것이다.

　이에 연장선상에서 폐허가 된 곳을 그 자체의 본래 분위기 그대로를 살려서 재생사업을 하는 게 오늘날 하나의 트렌드로 자리잡고 있다. 이를 대표하는 건축물이 무엇인가 하면 바로 철강과 조선업 등의 몰락으로 갑작스럽게 낙후화되었던 빌바오 공장 지역에 지어진 구겐하임 미술관인 것이다.

따라서 미술에 문외한인 필자 입장에서는 구겐하임 미술관은 굳이 미술관 안에 들어갈 필요는 없다. 미술관 건물 자체가 볼거리이고, 예술이기 때문이다.

구겐하임 미술관은 하류 방향에 있는 다리 페드로 아루페(Pedro Arrupe) 목재 인도교에서 가장 멋지게 조망된다. 과거 공업도시의 흔적도 찾아보기 어려울 정도로 문화도시로 거듭난 빌바오에는 찾아가 볼 곳도 많겠지만, 관광 온 것이 아니고 순례 여행 중이기에 간결하게 탐방을 마친다.

빌바오는 짙은 파스텔 컬러의 건물들과 천장화로 채색된 아케이드

거리가 인상적이어서 도시의 아름다움을 더해주는 듯하고, 내가 묵고 있는 숙소 또한 캡슐형 침실로 마치 가상 현실 공간 같은 느낌도 주는데, 캡슐별로 넷플릭스와 유튜브 시청이 가능한 벽걸이 모니터도 갖추고 있다.

저녁 먹으러 나간 시내 곳곳의 바에서는 늦은 시각까지 타파스를 안주로 맥주나 와인을 즐기는 활기찬 모습이다. 이렇듯 시간을

잊은 듯한 빌바오의 밤 풍경에서 재생도시의 생동감을 엿보면서 필자 역시 이러한 기운을 받아 이후 순례 여행을 이어가고자 한다.

Bilbao Walking 경로

2022. 03. 12.

Bilbao ~ Portugalete

중세의 길도 걷는다. 중세도시는 만나기 쉬워도 중세길은 만나기 어렵다.

길은 끊임없이 변천되기 때문이다

오늘도 20km 정도의 무난한 거리로 높은 지점이 해발 190m 정도에 불과해 별무리 없는 코스로 예상된다. 어제 설렁설렁한 코스 직후 풀어져 있을 터이니 아마 워밍업하라는 의미 같다. 다만 자연길은 2km이고, 나머지는 포장도로인 구간으로 걷기에 좋은 환경은 아니다.

오늘 구간 출발점은 빌바오*Bilbao* 초입 구도심부터인데, 필자는 전날 이로부터 2.5km 더 진행한 시내 숙소부터 출발하기 때문에 17.5km만 소화하면 되고, 그간 여정 중 가장 이른 시간인 9시 20분 숙소를 출발하는 만큼 비교적 힘들이지 않고 일찍 끝낼 수 있을 것이다.

숙소에서 먹물 파스타 등으로 아침 식사를 마친 후, 숙소를 나서자마자 바로 순례길로 접어들어 시내를 1km가량 종으로 진행하여 만난 산복도로를 통해

구릉지로 오른다. 약 2km 거리의 구
릉마루 지점에 이르러서는 반대편으로
넘어가는 길을 못 찾아 잠시 헤매게
된다. 세 갈래 길로 나뉘어 있는데, 가
야 할 오솔길을 주차된 차량 한 대가
막고 있고 주변에 쓰레기들이 버려져
있어 전혀 길로 인식할 수 없었기 때문
에 잠시 엉뚱한 길로만 접어들었다 되
돌아 나오기를 반복하며 허둥거렸다.

몇 차례 시행착오 끝에 찾아낸 오
솔길로 내려가며 허름한 고철 수집 창고와 목초지를 지나고 고속도로 밑
토끼굴을 통과하여 빌바오 외곽마을에 이르게 되니 5km 거리이고 10시
40분가량 되었다. 20여 분 햇볕을 즐기며 목을 축인 후 가던 길을 이어간
다. 참고로 목초지를 지날 때는 대체로 여닫이문을 여닫고 드나들게 된다.
이러한 문을 만나면 들어가도 되는지 당황할 수도 있겠으나 이는 순례객이
아닌 가축을 통제하기 위함이니 신경 쓸 필요 없이 출입하면 된다.

구릉골에 흐르는 네르비온강의 지천 상류 방향으로 거슬러 올라 다리를 건너며 다시 맞은편 구릉지를 포장된 산복도로를 통해 오르게 된다. 이 과정에서 위아래 산복 도로를 연결하는 경사가 급한 숲길도 잠시 지난다. 알고 보니 중세길(Calzada Medieval, 칼싸다 메디에발)로 자연석이 바닥에 깔려있다. 건축물의 경우는 중세뿐만이 아니라 고대 유적도 적잖이 만나볼 수 있지만, 도로의 경우는 중세 길도 만나는 게 흔치 않은 것 같다. 도시 혁신이나 교통 수단의 변천에 따라 도로들은 끊임없이 새로 갈고 닦아지기 때문이다.

이어 곧바로 만나게 된 산 아가사(San Agatha) 예배당을 지나 산 정상을 향해 오르는데 길이 꽤나 숨차게 만들 정도로 제법 가파르다. 의외의 난이도에 갸우뚱하며 앱 가이드를 살펴보니 길을 잘못 들어섰다. 아래 예배당에서 5부 능선의 허리길을 감아돌아 오늘 첫 번째 포스트 마을 바락깔도*Barakaldo*까지 손쉽게 갈 수 있는 본래의 길을 놓아두고 공연한 헛수고를 보탠 것이다. 휴대폰 배터리 소모를 막기 위하거나 귀찮아서 설마 하는 마음으로 가이드 앱 보는 것을 소홀히 하다 보면 이렇게 체력을 하릴없이 소모하게 되는 경우가 심심찮게 발생하기도 한다.

이후 12시 40분경 손쉽게 바락깔도 마을에 이르러 공원 벤치에서 간식을 먹으며 긴 휴식을 취한다. 순례길 8일 만에 처음으로 오락가락하는 비 없이 햇볕 좋은 날씨라 웃통을 모두 벗어 젖히고 따사로운 햇빛을 즐긴다. 등산화에 갇혀있던 두 발 역시 세상 밖으로 내놓아 모처럼 자유롭게 해준다.

바락깔도는 지천이 네르비온강에 합류되는 지점에 있는 빌바오의 광역권 도시로 오늘 기착지인 포르투갈레테*Portugalete* 사이에 있는 빌바오에서 멀잖은 곳인데, 직선거리에 비해 구릉지를 거쳐서 많이 돌아온 셈이다. 바락깔도는 생각보다 매우 큰 도시로 최소 3km 정도를 걸어서야

이 도시를 통과하게 된다. 그 과정에서 두 개의 축구연습장을 만나게 되는가 하면, 도중에 어찌나 졸린지 또 다른 시내 공원벤치에 길게 누워 잠시 꿀잠도 청하느라 이 도시를 벗어나기까지는 2시간 30분이나 소요된다.

바락깔도에서 벗어나며 멀지 않게 보이는 외곽 아울렛 단지의 까르푸(Carrefour)가 반갑다. 또 하나의 지천을 건너야 하는데 가이드 앱에 나오는 지천변길이 아닌 고가길로 잘못 접어들었다. 앱 지도에서는 위아래 길이 포개져 나타나 이를 제대로 깨닫게 되기까지는 시간이 꽤나 소요되어 되돌아가기에는 이미 너무 멀어졌다.

필자가 잘못 택한 길이 본래의 순례길과 다시 만날 수 있는 경로를 어렵지 않게 찾을 수 있어서 큰 수고 없이 이내 재합류하게 되는데, 새로운 지천을 건너 넘어온 곳이 세스타오*Sestao*로 오늘 두 번째 거점 마을이다. 구릉지 마루에 세스타오 우달레체아(Udaletxea, 시청)가 있고, 세스타오를 지나기 위해서는 구릉지를 오르고 내려야 했는데 시청을 경유할 때가 15시 50분을 좀 넘어선 시각이다.

이후 구릉마루를 살짝 내려와 세스타오를 벗어나자니 바로 항구도시 포르투갈레테에 맞닿아 있는 듯 항구도시로 접어든다. 순례

길 4일차에 데바*Deba*에서 출발하며 멀어진 칸타브리아해 대서양을 4일 만에 다시 만나는 순간이다.

대서양 길목 네르비온(Nervion) 강하구에는 대형 크레인 모습의 인상적인 다리가 있다. 확인해 보니 비스카야 다리이다. 바스크어로는 Bizkaiko Zubia, 스페인어로는 Puente de Vizcaya인데, 이는 빌바오 항구의 해상 교통을 방해하지 않으면서도 스페인 비스케이 지방 포르투갈레테와 라스 아레나스*Las Arenas*를 연결하기 위해 구스타프 에펠(Gustave Eiffel)의 제자인 알베르토 펠라시오(Alberto Palacio)가 설계하여 1893년 건설한 독특한 구조의 현수교로 세계문화유산에 등재된 명소라 하겠다.

이 다리의 빼놓을 수 없는 특징은 외관만큼이나 이 다리를 통해 도강하는 방식이 독특하다는 점이다. 이를테면, 다리 상판에 달려있는 와이어 케이블들이 사람이 탑승하는 객차에 연결되어 있고, 동력장치에 의해 수

평 이동하는 케이블에 의해 객차가 수면 위로 좌우로 이동하여 도강이 이루지는 방식인 것이다.

이러한 현수교가 있는 포르투갈레테 기착점에 이른 시각은 16시 20분가량으로 19.74km 거리를 온 것으로 기록된다. 길을 잘못 들었던 구간도 있어 예상되었던 거리보다 2km가량을 더 걸은 셈이다. 이처럼 순례 여행은 때로는 본의와 상관없이 궤도를 벗어나 일과성 일탈을 겪게도 되는 인생 여정과도 비슷한 것 같다.

대중교통 검색을 해보니 빌바오로 돌아가는 버스가 바로 있을 시간이다. 헐레벌떡 시간에 맞춰 승차하여 빌바오 숙소로 돌아오니 불과 17시가량이다.

맵핑 경로

Bilbao ~ Portugalete	
Day 8	19.74km
누적 거리	184.35km

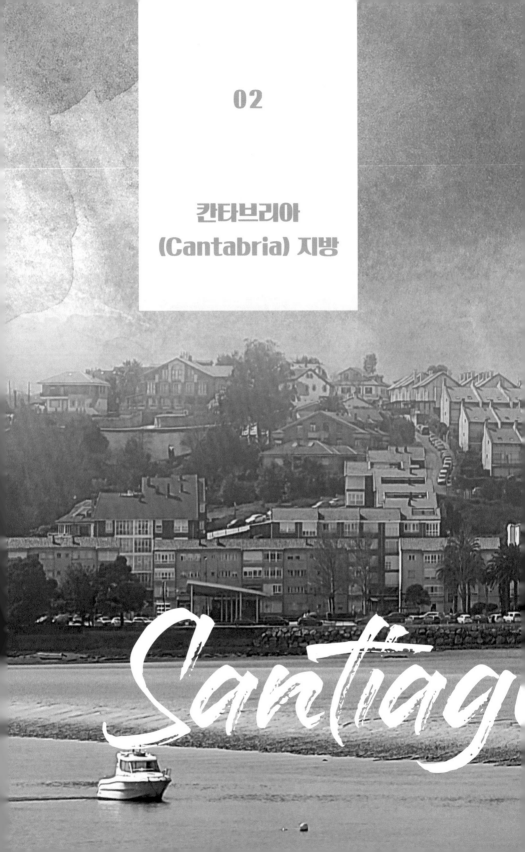

02

칸타브리아
(Cantabria) 지방

Santiag

2022. 03. 13.
Portugalete ~ Santullán
해안 절경을 따라 바스크에서
칸타브리아 지방으로 넘어가다

오늘은 3일 만에 배낭을 챙겨 빌바오*Bilbao* 숙소를 체크아웃
하고, 오늘 순례길 일정이 시작되는 포르투갈레토*Portugalete* 항구로 이동하
게 된다. 레싸마*Lezama*에 도착해서부터 빌바오, 포르투갈레토 구간들을
소화하고, 오늘 포르투갈레토를 떠나 카스트로 우르디알레스*Castro Urdiales*
로 향할 때까지 전략적으로 빌바오에 3박 4일 머물면서 진행해 온 것이다.

이런 선택을 하게 된 이유는 일정을 마치게 되는 마을들에서 구하기 어려
운 숙소 문제 해결을 위한 불가피성 때문이었지만, 부차적으로 배낭을 숙소
에 놓아둔 채 최소화한 색(Sack) 정도만으로 가벼운 순례길 소화를 가능케
해주었다. 다만 숙소의 취사 설비 부족으로 배낭을 무겁게 한 식재료들을 소
진하는 데는 별반 도움이 안 돼서 일부 식재료는 버리는 선택을 해야 했다.

Portugalete / Castro Urdiales	35.16 KM
🚶 3.87	🏔 31.29 ≥ 714.78 ◢ 704.46

	Portugalete
12.60 KM	
	Pobeña (Muskiz)
5.97 KM	
	Ontón
1.48 KM	
	Baltezana
5.71 KM	
	Otañes
2.63 KM	
	Santullán
2.17 KM	
	Sámano
4.61 KM	
	Castro Urdiales

카스트로 우르디알레스까지 오늘 코스는 무려 35.16km나 되고, 중간 Post 역시 6개 마을이나 된다. 코스는 어렵지 않겠지만 무거운 배낭을 메고 걸어야 하는 상황에서 거리가 다소 우려스럽다. 경우에 따라서는 대략 30km 전후에 있는 5번째 포스트 마을 산투얀Santullan에 있는 순례자 숙소에서 일정을 마치게 될 수도 있을 것이다.

일단 빌바오에서 메트로를 이용해 포르투갈레토로 이동하는데, 9시 10분 메트로를 아슬아슬하게 탄다. 버스 요금은 1.50유로인데 반해 메트로 요금은 1.90유로이다. 물론 행선지 존(zone)에 따라 요금은 업다운된다. 도착한 포르투갈레토의 어느 바에서 인증 스탬프를 받고 순례길을 이어가는데 9시 50분경이다. 3일 만에 걸머진 배낭이 익숙치 않게 느껴지는 상황에서 포르투갈레토 구릉마루 로타리를 지날 무렵 지나는 소형차 뒷자석에 탄 소녀가 차창을 열고 "부엔 카미노(Buen Camino)!"를 외쳐댄다. 이렇듯 예기치 않은 응원에 고무되며 순간 활기찬 에너지를 충전받는다.

진행해야 하는 서북 방향 구릉지 사이 골지형에는 고속도로 나들목과

간선도로들이 어지럽게 얽혀있어 이 구간들을 어떻게 지나야 하나 다소 막막한 상황인데, 뜻밖에 이곳 골지형 위를 지나는 기나긴 오버브릿지 인도교가 있다. 사람과 자전거를 위한 다리 형태의 넓직한 고가도로이다. 반대편 구릉지 허리길로 이어지는 다리를 건너와 급수시설이 있는 공원에서 목을 축이며 숨을 돌린다. 순례길 곳곳에는 이렇듯 급수시설이 도처에 있기에 물통을 비워 다닌지 이미 오래이기 때문이다. 어깨 부담을 덜기 위한 궁여지책인 셈이기도 하다.

고가다리 건너편 구릉지를 감아돌아 또 다른 짧은 다리를 건너 노세달 *Nocedal* 마을을 지나게 되고, 또다시 구릉지를 감아돌아 칸타브리아해안 마을 씨에르베나*Zierbena*로 향해 내려가다 넓은 들판에서 멈춰선다. 막 12시를 넘어섰고, 9km 정도 진행한 지점으로 간단한 요기와 휴식을 취하기 위함이다. 다소 경사진 들판에 우비를 깔고 배낭을 베개 삼아 길게 누워 샌드위치와 우유, 사과 등으로 점심을 대신하는데, 오른편 산 등성이에 있는 카르데오*Kardeo* 산간마을이 친근하게 다가온다.

이곳까지 오면서 느낀 놀라운 사실은 포르투갈레토에서 벗어나면서부터 줄곧 자동차 없는 사람 전용의 도로로 지속되었다는 점이다. 오직 자전거와 도보 여행자들 만을 위한 길이었던 것이다. 이는 유럽 어느 나라에서도 보지 못한 인본주의적 인프라로 바스크 지방이 인간의 건강한 삶에 얼마나 관심을 갖고 있는지 엿볼 수 있게 해준다 하겠다.

쉬고 있는 사이 승마를 즐기는 중년의 한 남성이 다가와 순례 여행 중임을 알고는 오늘 순례 구간과 이 지역에 대한 중요한 정보들을 알려준다. 오늘 목적지까지는 상당히 거리가 멀지만 이 지역은 일요일임에도 슈퍼마켓도 열고 순례자 숙소도 대부분 운영 중이며, 이 지역 해변 경관이 뛰어나다는 사실 외에도 오늘 구간의 난이도 역시 일부 구간을 제외하고는 대체로 평탄하다는 점들까지 필요한 정보들을 빼놓지 않고 알려주려 애쓴다.

해안으로 내려와 먼저 만나게 되는 해변 마을이 씨에르베나이고, 서편으로 모래 해변 하나를 지나 다음에 있는 해변 마을이 포베냐 *Pobeña*이다. 씨에르베나의 한 레스토랑 앞에서 우리식 이름으로 애들을 부르는 한 여성의 음성에 흠칫 놀라 뒤돌아보았더니 동양 아이 모습은 보이지 않고 2명의 서양 소녀만 눈에 들어온다. 아이들 어머니와 얘기를 나누면서 알고 보니 두 소녀는 한국 여성인 그녀와 스페인 아버지 사이에 태어난 서양 아이

모습의 한국계 2세였던 것인데, 한국식 이름을 지어주었다고 한다. 안도라에서 만났던 프랑스 남편을 둔 한국 여성의 아들 이름 또한 한국식 이름이었다. 이런 현상은 괄목성장한 대한민국의 국제적 위상이 국제결혼한 한국 여성의 가정 내 지위나 영향력과 무관치 않음을 보여준다 하겠다.

포베냐 마을에서 곶 형태로 솟아있는 지형을 가파른 계단을 통해 오르게 되고 벼랑길인 해안 산책로를 따라 아름답게 펼쳐진 주변 경관을 즐기게 된다. 아마도 씨에르베나 해변 모래언덕부터 시작된 목책 울타리가 이곳의 멋을 한껏 살려주는 분위기 메이커 같다.

이제 13km도 채 못 미친 지점인데, 벌써 시간은 14시 10분경이다. 그럼에도 오늘 소화해야 할 일정 부담을 일단 내려놓고 이곳에서 여유로움을 만끽해 본다. 바다 뛰어들고 싶을 정도인 몸의 열기를 식히기 위해 기능성 내의 하나만 남기고 아낌없이 옷도 벗어내어 일광도 즐긴다.

어느덧 15시다. 50분가량의 망중한의 시간을 뒤로하고 부지런히 가던 길을 재촉한다. 어느새 해안 목책 울타리는 사라지지만 터널 하나 지나면서 목책 울타리가 다시 나타나고 해안 전망대 쉼터도 만난다. 이곳에서 잠시나마 다시 어깨를 쉬게 해준다. 진행 방향으로 작은 만 건너편에 작은 마을 온톤Ontón이 시야에 들어온다. 어느덧 바스크 지방을 등지고 칸타브리아 지방으로 넘어왔는데, 아마도 방금 지나온 터널이 그 경계인 듯하다.

온톤은 18km 남짓 지점으로 16시 20분경에 지나게 되고, 이곳부터 남쪽 내륙 쪽으로 방향을 바꿔 높은 산 하나를 넘어야 한다. 온톤에 있는 순례자 숙소도 1년 무휴로 운영한다고 되어있는데 실상은 닫혀있다. 산투얀 순례자 숙소 역시 마찬가지일까 봐 다소 우려스럽다. 상황에 따라서는 카스트로 우디알레스까지도 가야 할 각오를 해야 할 듯싶다.

미리 단단히 마음먹었던 가파른 업힐임에도 생각보다는 힘들이지 않고 넘어서니 17시 30분경이다. 이후 18시경 25km 거리의 마을 오타녜스*Otañes*도 지난다. 산투얀 순례자 숙소까지도 3km 정도뿐이 남지 않았다. 잠시 브레이크 타임에 아로쓰 콘 레체(Arroz con Leche, 우유쌀밥)로 요기도 한다. 다소 심적 여유가 생겼기 때문이다.

19시 전후면 산투얀에 이르게 될 것이고, 설사 카스트로 우디알레스까지 간다 하더라도 21시 이내 도착이 가능할 것이다. 걷고 있는 순례길 아래 골짜기 따라 기다랗게 형성된 오타녜스 마을이 산골 마을 치고는 제법 큰 규모로 휴양지 같은 느낌도 든다. 오타녜스를 벗어나면서 가로로 보이는 능선 위에 마을이 시야에 들어오는데 바로 산투얀이다. 같은 모양의 쌍둥이 같은 주택들이 능선에 줄지어 있는 모습이 이채롭다.

능선 위 마을로 들어서서 마을 뒷편 예배당 앞에 자리잡은 산투얀 순례자 숙소(Albergue de Peregrino de Saltullán)에 도착하니 19시를 막 넘어섰고, 다행히 운영 중이다. 순례 여행 9일 만에 기대했던 순례자 숙소를 이용하게 되는데, 네덜란드에서 순례 여행을 온 젊은이 2명과 필자까지 셋이다. 그들은 온톤 순례자 숙소가 운영을 안 한다며 당혹해했던 친구들인데 필자가 이곳 숙소 정보를 알려주어 합류하게 된 것이다. 10명 침상의 작은 순례자 숙소인 이곳은 가정집 분위기로 아주 깔끔하고 예쁜 숙소로, 세탁기도 무료로 이용할 수 있어 밀린 빨래도 해결하게 된다.

저녁 식사를 위해 찾아간 간이 레스토랑에서 스페인어 메뉴판 음식 중 '~Breaded Beef'로 번역되는 음식을 골라서 주문했는데, 막상 서빙된 음식은 소고기까스이다. 'Breaded~'란 '밀가루 반죽을 입힌~' 것을 의미하는 것으로 필자가 뜻하지 않게 먹게 된 소고기까스는 카초포(Cachopo)라는 스페인 전통 음식이다. 튀김옷 안에는 소고기 안심 이외 햄과 자연 치즈도 곁들여져 있다. 평소 가까이하지 않는 튀김음식이지만, 감자튀김 대신에 주문하여 나온 그린 샐러드를 곁들여서 아쉽지 않게 스페인 전통 음식 카초포를 경험하게 된 것이다.

맵핑 경로

Portugalete ~ Santullan	
Day 9	28.48km
누적 거리	212.83km

Day 10.

2022. 03. 14.

Saltullán ~ Laredo

지름길을 찾는 과정에서 명분, 실리 모두를 잃게 되다.

그럼에도 불굴의 의지만큼은 스스로 늦게 자평한다

순례 여행을 안내해 주는 가이드 앱의 일정보다 전날 7km 가량 못 미치는 지점에서 마쳤기 때문에 오늘 카스트로 우르디알레스 Casro Urdiales~라레도Laredo 구간 34km를 소화하려면 41km가량을 가야 한다. 따라서 필자의 체력과 순례자 숙소 등의 상황에 따라 어떻게 진행될지 알 수 없다.

경우에 따라서는 지름길을 택해서라도 라레도까지 가야 할 수도 있고, 체력에 한계를 느끼게 되는 곳에 적당한 숙소가 있다면 도중에 일정을 마치게 될 수도 있을 것이다.

암튼 네덜란드 젊은이들은 이미 떠나고 난 후인 9시 50분경 숙소를 나선다. 오늘따라 몸에 착 감기는 느낌으로 배낭이 필자와 한 몸이 된 거 같

Santullán	40.89 KM
Laredo	EDIT

| 🚶 8.70 | 🚴 32.19 | 📉 939.34 | 📈 888.28 |

3.82 KM	○	Castro Urdiales
1.88 KM	○	Allendelagua
3.23 KM	○	Cerdigo
4.47 KM	○	Islares
1.53 KM	○	El Pontarrón (Guriezo)
3.56 KM	○	Rioseco (Guriezo)
5.65 KM	○	Lugarejos (Guriezo)
9.97 KM	○	Liendo
	○	Laredo

다. 오늘은 간식을 못 챙겨 배낭이 다소 가벼운 이유도 있겠지만 무엇보다 새로 세탁한 옷으로 모두 갈아입어 산뜻해진 느낌 때문이라 하겠다. 산투얀*Santullán* 숙소 인근에는 슈퍼마켓이 없는 게 간식을 준비할 수 없는 이유였다. 4~5일 전부터 서서히 다소 부어오른 오른쪽 발목 때문에 절뚝거리며 시작하지만 이내 상황에 순응하고 감내해 주는 발목의 무던함 덕분에 아무렇지 않은 듯 순례길을 진행하게 된다.

손쉽게 구릉지 아랫마을 삼마노*Sámano*를 관통하여 구릉지 허리길을 끼고 내려오니 항구도시 카스트로 우르디알레스가 시작된다. 드넓은 목초지를 품고 있는 삼마노를 지날 때 만난 마실 다녀오는 정겨운 닭무리들의 잔상이 쉬이 지워지지 않는다. 항구도시 초입에 있는 슈퍼마켓에 들러 간식을 챙긴다. 우유와 450g 우유쌀밥(Arroz con Leche) 그리고 바나나 등이다. 뒤늦게 깜빡한 순례 여행을 맵핑해 주는 Tranggle 앱을 실행시킨다. 대략 4km 거리가 누락된 듯하다.

11시 25분경 전날 도착했어야 할 카스트로 우르디알레스 항구에 도착한다. 도시 이름이 주는 기대만큼 해안에 캐슬이 인상적이지는 못하다. 암튼 이곳부터가 본래 오늘 일정이 시작되는 지점으로 서둘러야 하지만 잠시 이곳의 정취에 잠시 젖어들었다가 11시 50분경 새로운 출발을 서두른다.

이내 카스트로 우르디알레스 항구를 지나 해안을 벗어날 무렵 바다가 보이지 않는 내륙에서 작은 바다를 만난다. 작지만 거친 파도가 쉬지 않고 포말을 일으키는 사나운 바다이다. 구릉지 너머 대양의 파도가 오랜 세월 구릉지 암반을 끊임없이 침식시켜 해식동굴이라는 물길을 만들어 빚어낸 작은 바다라 더욱 인상적이지 않을 수 없다.

해안을 벗어나 구릉지로 오르게 되고 구릉지 허리길을 감아돌아 세 번째 거점 마을 아옌델라과 *Allendelagua* 마을을 관통하면서 구릉지를 내려오니 12시 40분가량이고, 12km 채 못 온 거리이다. 카스트로 우르디알레스를 기준으로 하면 불과 5km 정도 온 셈이다. 이 과정에서 만난 스페인 염소들의 모습과 이들의 행렬이 인상적이지 않을 수 없다. 목동도 없이 목초지에서 축사로 이동하는 잘 길들여진 모습이었는데, 그들의 생긴 외모는 일반 염소보다는 알프스 트레킹 중에 만난 적이 있는 알파인 아이벡스(야생 염소)에 가까운 모습이었다.

이후 산자락길을 통해 고속도로를 사이에 두고 해안과 나란히 걷지만 고속도로 방음 가로수로 인해 해안은 쉽게 조망되지 않는다. 산자락길도 업다운이 계속되어 힘겹게 오르내리는 가운데 네 번째 거점 마을 세르디고*Cerdigo*에 접어들며 고속도로 아래 토끼굴을 통과해 해안에 보다 가까워진 길로 순례 여행을 이어가게 된다.

세르디고를 지나면서는 해안에 근접한 또 다른 도로를 건너 해안 초원길로 들어서게 되는데, 바로 이 무렵 뒤따라 길을 건너는 네덜란드 청년들을 만나게 된다. 필자보다 10여 분 숙소를 먼저 나섰고 체력이 좋은 젊은이들이라 같은 숙소에 묵게 될 경우 숙소에서나 만날 수 있을 줄 알았는데 때 이르게 만난 것이다. 그들은 카스트로 우르디알레스에서 필자보다 좀 더 긴 브레이크 타임을 누렸고, 필자와는 달리 줄곧 해안로를 따라 보다 짧은 길로 왔다고 한다. 초원길로 들어서면서 잠시 지나게 되는 숲길은 제주도 곶자왈을 연상케 하여 친근하다.

이후 다섯 번째 거점 마을 이스랄레스*Islares*로 향하며 우유쌀밥으로 점심을 대신할 쉼터를 찾았다. 이스랄레스 마을을 지나는 중 마침 캠핑장 쉼터를 만나게 되어 안성맞춤 장소에서 점심을 먹으며 잠시 쉬어가게 된다. 하필 이때 비가 부슬부슬 내리는 통에 빗물 젖은 밥을 먹어야 하는 처량함에 젖어든다. 차라리 해안가 초원을 지날 때 풀밭에서 미리 먹어둘 걸 그랬다는 후회가 들기도 한다. 초원을 지나올 때 뒤에 처져있던 네덜란드 젊은이들은 아마도 그곳에서 점심을 해결했을 것이다.

내리는 빗발이 다소 굵어져 인근 건물 처마밑에서 등산화를 벗고 발을 풀어주는 등 30분가량 브레이크 타임을 갖은 후 우비를 갖춰 입고 길을 재촉한다. 14시 50분가량이고, 18km가량 진행한 지점으로 지름길을 찾아가더라도 아마도 최소한 온 거리만큼 더 가야 할 것으로 추정된다.

다음 포스트마을 엘 폰타론El Pontarrón까지는 내륙으로 만곡된 해안 도로를 따라 진행하게 된다. 지형으로 봐서 아게라 강(Río Agüera, 리오 아게라)이 흘러드는 포구라고 할 수도 있을 것 같다. 포구 도로변에는 오리뇬

Oriñon 마을을 등지고 핍박받는 예수 석상이 자리하고 있지만 종교적 체험을 위해 순례 여행을 하는 것이 아니기에 그저 무덤덤히 지나는 가운데, 들떠 물집이 생겨날 여지를 보이던 발바닥은 휴식 이후 다소 진정되고 있다. 점심으로 소비한 만큼 배낭 무게는 감소된 반면 에너지는 재충전되었을 것이고, 그 에너지로 물집 생길 발바닥 부위를 꼭꼭 눌러 내딛으며 조기 진압을 서두르고 있기 때문일 것이다.

15시 30분경 엘 폰타론 입구에 라레도까지 22.2km이고, 5시간 50분 거리라는 이정표가 서있다. 산술적으로 그 길로 들어서면 최소한 21시 20분이 되어야 라레도에 이를 수 있다는 의미이다. 지도상의 다른 지름길을 찾아야 하는 상황임이 분명해졌다. 따라서 산골 엘 폰타론, 리오세코Rioseco, 루가레호스Lugarejos를 지나 리엔도Liendo로 해서 라레도에 이르게 되는 정규 코스 대신에 앞 마을들을 Bypass 하고 리엔도로 바로 갈 수 있는 지름길로 가기로 마음먹고는 아게라 강 다리를 건너고 일반 도로로 고개를 넘어서 리엔도로 가는 경로를 택하게 된다.

　이때 뒤따라온 네덜란드 청년 두 명 역시 필자가 선택한 길에 합류하여 잠시 동행케 되는데 잠시 용변을 보기 위해 이 친구들을 먼저 보낸 이후 뒤따르게 된다. 그러다 내륙 쪽 리엔도를 거치지 않고 해안 쪽 길을 이용하여 바로 라레도로 갈까 하는 순간 욕심에 리엔도로 방향을 틀지 않고 해안 길로 그대로 직진하게 되는데, 이게 지나친 욕심이고 크나큰 실수였다.

　필자가 택한 길은 북쪽 오리뇬 해변에서 끝날 뿐 서쪽 라레도 방향으로는 이어지지 않음을 뒤늦게 깨닫게 된다. 온 길로 되돌아가는 대신 리엔도로 갈 수 있는 다른 길을 찾아내지만 꽤나 돌아가는 길로 정규 코스 못지않게 고생스럽게 되었다. 지나치게 꾀를 부리려다 대가를 치르게 된 것이다. 한마디로 명분과 실리 모두를 잃은 것과 다를 바가 없게 된 것이다.

　비는 줄창 쉼없이 뿌려대는 가운데 비를 피할 곳도 전혀 없는 산간 도로를 지속적으로 강행군을 한 결과 18시경 30km 지점인 리엔도에 이르게 된다. 여기서 라레도까지는 10km이고, 짧은 옵션길로 가면 7km 정도로 단축시킬 수 있다.

먼저 레스토랑부터 찾아 일단 좀 쉬면서 뭘 좀 먹어야겠다는 생각부터 한다. 하지만 찾아간 레스토랑이 술안주 타파스(Tapas) 정도뿐이 안 된다고 한다. 참고 참아 라레도 가는 대중교통을 물어보니 정류장 위치와 출발시간을 검색하여 알려준다.

그럼에도 걸어서 대략 20시까지는 마칠 수 있겠다 싶어 리엔도를 등지고 산길로 들어선다. 버스를 이용하여 라레도에 이른다면 내일 다시 이곳으로 돌아와 이어서 진행해야 하는 번거로움을 피할 수 없기 때문이다. 단순히 고개만 넘으면 되는 줄 알았는데 고개에서 내륙 방향으로 산 정상을 올라야 한다. 이 정도면 고생을 사서 하는 정도를 넘어서 고생을 즐기고 있는 느낌이다. 그나저나 고개를 오르고 산 정상을 오르면서 조망되는 해안의 모습은 절경이 아닐 수 없고, 뒤편 동쪽 해안은 암석으로 이루어진 벼랑과 그 위로는 돌출된 암석, 초본 및 관목 등으로 거친 자연의 모습을 띠고 있다. 이런 곳에는 트레킹 길이나 자동차 도로가 만들어질 수 없는 환경이다. 이런 곳에 지름길이 있을 거라고 오판하고 초장에 길을 잘못 들어섰던 필자의 무지나 무모함을 재확인하게 된 것이다.

암튼 생각보다 만만치 않은 길을 헤쳐가며 불빛이 보이는 라레도가 조망되는 지점에 이르니 불과 19시 정도를 좀 넘어선 시각이다. 이제 다 온 것 같아 안도되었지만, 긴장이 풀리면서 다리도 다소 풀렸는지 그다지 강

하지 않은 바람에도 몸이 휘청거려지고, 생각보다 내려가는 길이 길게 느껴진다.

19시 40분 남짓 라레도에 이르고 순례자 숙소 카사 데 라 트리니다드 (Casa de la Trinidad)에 안착하게 되는데, 알고 보니 수녀가 접수하고 있는 수도원 순례자 숙소이다. 국가 명에 쓰이는 단어라 트리니다드 (Trinidad)를 검색해 보니 삼위일체라는 뜻이다. 말인즉 삼위일체 수도원에서 운영하는 숙소인 것이다.

주방 시설이 잘 갖추어져 있는 숙소라서 인근 마트에서 장봐 온 식재

료와 배낭에 준비되어 있던 식재료 등으로 등심 스테이크, 현미밥, 미역국 등 모처럼 직접 조리한 음식을 즐기며 배낭 무게도 덜었다. 하루를 포만감으로 마무리짓게 되지만, 전날부터 불편했던 오른쪽 발목이 출발 전보다 많이 부어있다. 행여 내일 출발하기 어려운 수준이라면 오늘 무리한 것은 소탐대실로 기억될 것 같다. 아무쪼록 밤새 잘 풀어지기를 기대해 본다.

오늘은 때때로 마실 다녀오는 가축들을 만나기도 했는데, 아무리 사육되는 가축일지라도 자연에서 배부르게 먹이 활동을 한 이후 돌아갈 보금자리가 보장되어 있다는 점만으로도 필자에게는 부러움의 대상이 아닐 수 없다는 생각이 들기도 한 하루였다.

맵핑 경로

Saltullan ~ Laredo	
Day 9	36.4km (누락된 4km 포함)
누적 거리	249.23km

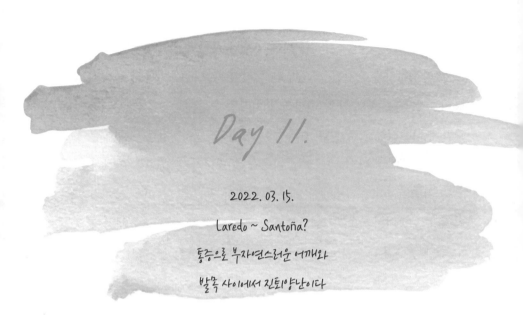

아침에 일어나보니 발목
의 아픈 부위가 우려와 달리 거동에
는 큰 문제가 없어 보인다. 다만 발목
뒤꿈치 부위가 제법 부어올라 있는 것
이 후거비인대 염좌로 생각된다.

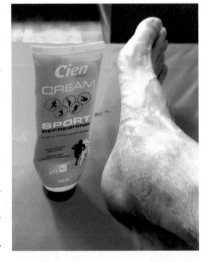

처음 경험하게 된 수도원에서 운영
하는 순례자 숙소인 이곳에는 의외로
적잖은 순례객들이 머물고 있다. 대부
분은 6시 남짓 일어나 서둘러 채비를
하고는 7시 전에 모두 떠나고 필자 홀로 남아 전날 먹다 남은 등심스테이

Laredo	27.36 KM
Güemes	

크와 미역을 넣은 라면 등으로 느긋
하게 아침을 즐기고 떠날 준비를 하
는데 이미 10시가 가까워 온다.

오늘 구간은 27km 정도에 5개
거점 마을을 들러 기착지 게메스

Güemes에 이르게 될 텐데, 최고 고도가 120여 m에 불과한 수준으로 거
의 평탄한 순례 구간으로 짐작된다. 또한 내일 구간 산탄데르Santander까
지는 10km 남짓에 불과해 힘들면 얼마든지 중간에 멈추어도 내일 산탄
데르까지 진행하는 데는 전혀 문제가 안 되는 상황이기에 남들처럼 서두
를 이유가 전혀 없는 것이다.

산티아고 순례길은 개인적으로 치유의 길이라고 생각한다. 마음의 병과 육신
의 병으로부터 근본적인 치유를 도와주는 치유 여정일 것이라는 입장이다. 수
술 등의 외과적 치료 이외 대부분 약물치료는 근본적인 처치라기보다는 대부분
의 경우 약제를 통한 일시적 증상 완화로 여겨진다. 이에 반해 장기간 순례 여행
은 당뇨, 고혈압 같은 기저질환에 대한 근본 치료의 기회를 열어준다고 믿는다.

삶 속에 숙명적으로 겪게 되는 깊은 마음의 상처, 고뇌, 번민 또한 기나
긴 여정을 지속하는 가운데 끝임없이 흘리는 땀과 때때로 흘리기도 하는
피와 눈물을 통해 자연스럽게 마음의 찌꺼기 대부분을 배설해내면서 치

유에 가까운 결과를 이룰 수 있다고 본다.

공연히 무리한 욕심으로 미련스럽게 발목 인대 염좌를 키워서는 안 되겠다는 생각을 하면서 3년 전 포르투갈 루트 순례 여행 경험 후에 정리해 본 산티아고 순례 여행에 대한 필자 나름의 정의를 반추해 본 것이다.

10시가 넘자 퇴실을 강요하는 듯한 수녀의 성화에 알베르게(Albergue)를 나선다. 걷는 것까지는 어렵지 않으나 제대로 정확한 걸음을 걷는 것은 생각과 달리 쉽지 않다. 발목 이외에도 부르튼 발바닥 부위들이 따금거리기 때문이다. 이로 인해 몸의 균형이 흐트러진 상태에서 지속적으로 걷는 것은 또 다른 신체부위에 손상을 가져올 수 있기에 스틱에 의지하여 동작이 꿈뜨더라도 천천히 또박또박 걸으려고 한 걸음 한 걸음에 집중한다.

도시 중심로를 지나 해변 산책길로 접어드는 과정에서 목격한 차량과 뒤섞여 달리는 짐마차의 모습이 이채롭다. 과거와 현재가 공존하는 듯 보이기 때문이다. 그외 다양한 형태의 예술적인 청동 조형물들을 접하면서 해변 산책로에 들어선다. 해변 산책로는 넓직한 반면에 인적은 드물어 활기를 잃은 모습이다. 모래 해변에는 드문드문 쌓여있는 모래언덕에 잡초들이 무성하게 자라나 있어 해변 산책로에서 바다 조망을 가로막기도 한다. 여전히 편치 않은 걸음이 결국 산책로 벤치에 주저앉게 하는데, 이미 11시에 가까워지고 있다.

이내 다시 이어 걷게 되는 해변 산책로는 끝없이 길다. 족히 2km 정도는 지났는데, 이제 겨우 절반 정도 온 것 같다. 걷기에 덜 부담스러운 해변 쪽 풀밭 길로 옮겨서 걷는다. 걷는 속도는 느려지고 이에 반비례하여 어깨 통증은 커지고 있다. 어깨 통증 때문에 걷는 걸음걸이에 신경을 집중하지 못하다 보면 어느새 절뚝거리며 걷고 있다. 어깨와 발 사이에서 진퇴양난이 아닐 수 없다.

이 해변 끝나는 지점에서는 짧은 해협 건너편 산토냐Santoña까지 거룻배를 타고 건너게 된다. 순간과 같은 짧은 시간이겠지만, 필자에게는 발을 쉬게 해주는 귀중한 보너스 시간이 될 것이다. 5km가량 거리를 2시간가량 걸어서 도착한 선착장 입구에는 어떤 이유에선지 거룻배 일시 운항 중지 안내판이 서있다.

사유나 운항 중지 기간 등 자세한 내용도 없다. 천상 지척인 산토냐까지를 버스로 가야 할 것 같다.

산토냐 가는 버스를 검색해 보니 이곳에서 바로 가는 노선은 없고, 라레도Laredo 시내 버스 터미널로 나가야 산토냐행 버스가 있다. 걸어 들어온 길을 다시 500m 걸어 나가야 있는 정류장에서 터미널행 버스 시간까지 무려 2시간이나 남아있다. 점심도 먹어야 하겠지만 정류장 부근 한적한 길거리에 일단은 아무 생각없이 대자로 눕는다. 발을 쉬게 해주는 것이 밥 먹는 것보다 우선이고, 다니는 행인도 거의 없기 때문에 필자가 눕는 이곳이 내 집 안방과 다를 바 없다는 생각에서이다.

이런 모든 상황이 필자에게 너무 무리하지 말고 좀 쉬어가라는 누군가의 설계인 것도 같다는 생각에 조급함은 이미 내려놓았고, 오늘은 산토냐로 가서 일찍부터 휴식을 취하는 것으로 일정을 매듭지려고 했지만, 결과적으로 하루 더 쉬어가게 된 라레도의 형태에 대해 설

명하자면, 이 도시는 특이한 지형에 자리잡고 있다. 바다의 모래톱과 강

하구의 토사가 퇴적되어 만들어진 새부리와 같은 지형으로 바다와 강하

구에 의해 3면이 물로 둘러쌓여 있다.
모래톱이라 할 해변은 4~5km에 달
하는 만큼 라레도는 규모도 적잖고
잘 설계된 해변 휴양도시로 보인다.

그럼에도 지금은 쇠락해 가고 있는
도시처럼 다소 낡고 활력도 없어 보이
는 모습이다. 버스를 기다리며 여러
정보들을 검색해 본 결과 오늘 버스로
이동하여 머물려던 산토냐*Santoña*에
는 취사가 가능한 숙소가 없다. 굳이
그런 곳으로 오늘 가있어야 할 필요

는 없는 듯하여 어제 묵었던 이곳의 순례자 숙소 트리니다드(Albergue de
Trinidad)로 되돌아가 내일 아침 버스를 타고 산토냐로 이동하여 그곳에
서부터 순례 여행을 이어가고자 한다. 모처럼 긴 휴식 시간을 누리게 된
만큼 아무쪼록 정상적인 일정 소화가 가능하도록 빠른 회복을 스스로 기
대해 본다.

맵핑 경로

Laredo ~ Santoña?	
Day 11	10.77km
누적 거리	260km

Day 12.

2022. 03. 16.
SantoÑa ~ GÜemes 궤메스
전날 짧은 휴식이 놀라운 회복력을 가져다주다

 하루 더 머물게 된 라레도*Laredo*의 순례자 숙소(Albergue de
Peregrinos de Trinidad)에서 모처럼 삼겹살 구이 쌈밥으로 입맛을 즐기며
포만감을 누림과 아울러 쌀, 된장, 미역 등을 소모했다. 먹을 기회가 쉽지
않을 메밀국수면은 프리 푸드 박스에 남겨놓고 나와 배낭 무게를 다소 줄
일 수 있었다.

 오늘은 전날 배로 이동 못 한 산토냐*Santoña*로 오전 9시 알사(Alsa) 버스
를 타고 이동하게 되는데, 탑승해서는 30분가량 소요되는 거리이고, 요금
은 1.85유로로 버스에 승차하면서 현금으로 지불한다.

 주로 밤에 내려온 비가 간밤에는 없었고 대신 아침 하늘이 뿌옇다. 마치
지상보다는 높은 하늘에 안개가 낀 것 같은 모습이라서 엊그제 라레도로
올 당시 종일 비 내렸던 날씨가 재연될 것 같은 분위기이지만, 어제 무리

하게 일정을 진행하지 않은 게 발목
인대와 들떠있는 발바닥 등의 회복
에 적잖은 도움이 된 것 같아 보다
좋아진 컨디션으로 순례 여행을 이
어갈 수 있을 것 같다.

어제 하루 까먹은 것을 만회하
려면 오늘 게메스*Güemes*를 지나
산탄데르*Santander*까지 32km를
소화해야겠지만, 그렇게 무리하고
싶지는 않고, 필자 몸 상태 역시
허락치 않을 것 같다. 상황에 따
라서는 게메스에도 못 미친 지점
에서 마치게 될 수도 있을 것이다.

산토냐에 도착하기 전 중간에
순례객들이 모두 내린다. 어차피
산토냐에서 돌아나와 걷게 될 순

례길이기 때문에 수고를 덜기 위함 같다. 하지만 필자는 산토냐 터미널에
서 내려 배로 건너와 시작했어야 할 산토냐 선착장까지 더 들어간다.

산토냐와 라레도 사이 해협에 적잖은 어선이 조업하고 있는 모습들이 이 항구는 마리나 항이 아닌 어항임을 말해 주고 있다. 해변 공원에서 어

느 제독의 기념탑 정도만 살피고 돌아나오면서 후안 데 라 코사 (Juan de la Cosa) 모자이크 벽화를 우연히 만난다. 검색으로 확인하게 된 그는 이 마을 출신으로 신대륙 발견 시 산타 마리아호의 선장으로 중요한 역할을 하였고, 아메리카를 포함시킨 세계지도를 세계 최초로 제작한 역사적인 인물이었던 것이 다. 산토냐 해변로를 시간적 여유 를 갖고 살폈더라면 후안 데 라 코

사의 기념 조형물도 만났을 터인데 다소 아쉬움이 남는다.

10시 20분을 넘어선 시각 본격적으로 순례 여행을 이어가게 되는데, 다른 순례자들보다는 1시간 반 거리 이상 뒤처져 있는 듯하다. 산토냐 버스 터미널로 돌아나와 평범한 길을 통해 북서 방향으로 산토냐를 벗어난다. 다른 순례객들이 버스에서 내려 오늘 일정을 시작했을 듯한 지점에서 순례길이 내륙길과 해안길로 나뉘는데, 필자는 해안길을 택하여 해안 방향 구릉지로 오른다.

그다지 오래지 않아 오르게 된 구릉마루는 바다 쪽으로 돌출된 곶지형으로 남동쪽 산토냐 방향 모래해변과 북서쪽 노하^{Noja} 마을 방향 모래해변이 한눈에 들어오는 전망대와 다름없다. 때마침 적당히 불어주는 산들바람에 기분 역시 상쾌하다.

그동안 반기(?)를 들어온 일부 신체부위가 믿기지 않게 협조적으로 고분고분해져 있다. 아마 간밤에 신체 각 부위들이 숙의를 거쳐 주인을 돕기로 결정을 내리기라도 한 것 같다. 필자 역시 이들에 대한 화답으로 중간중간에 보다 많은 휴식권을 보장하려 한다. 특히 고생이 많은 발에게는 갇혀 있는 등산화에서 자주 벗어나게 하여 숨통을 열어줄 것이다.

멋진 전망을 선사했던 곶 전망대에서 해변으로 내려와 잘 다져진 모래해변을 횡단해 노하 마을을 관통해 지나고는 외곽의 작은 마을길을 지나고 있는데, 시간은 13시가량이고, 11km 남짓 진행한 거리이다.

이만큼 오도록 발걸음이 너무 자연스러워져 거듭 놀랍다. 걷는 속도도 시속 4km를 회복했지만, 산티아고 여정을 마칠 때까지 방심은 금물. 긴장의 끈을 놓지 말아야 할 것이다. 20여 분가량의 휴식 시간에 바나나와 우유쌀밥으로 간식을 섭취한 이후 순례길을 이어간다.

이제는 15시를 막 넘긴 시간, 18km 남짓 거리로 4번째 거점 마을인 바레요*Bareyo*가 목전인 지점이다. 이곳에 오는 과정에서 첫 번째 거점 마을 노하를 지나 두 번째 거점 마을 카스티요 시에테 비야스*Castillo Siete Villas* 마을에서 몇 차례 만난 적이 있는 네덜란드 청년들을 다시 반갑게 조우했다.

얘기를 들어보니 그들은 전날 산토냐에서 자고 출발해서 내륙 쪽 길이 아닌 필자와 같은 해안길로 와서 쉬던 중 만날 수 있었던 것이다. 이후 세 번째 거점 마을인 산 미구엘*San Miguel* 마을을 지날 때까지 동행하다가 마을을 벗어난 지점 예배당 쉼터에서 점심을 먹게 된 그들을 뒤로하고 이곳 바레요 목전 지점에 이르게 된 것이다.

한 젊은이는 운하 관리 회사에 다니고 있고 또 다른 청년은 아이들에게 자연 학습을 해주는 일을 하고 있다고 한다. 자연 속에 식물이나 곤충 새들에 대해 어린이들에게 가르침을 주며 자연의 소중함을 일깨워주는 듯하다. 가까이 들판에 군집해 있는 쇠백로 떼에 대해 영어 이름을 잘 모르겠다면서도 아마 아시아에도 많이 서식하는 새일 것이라고 덧붙인다. 막 하늘을 활공해 지나간 매처럼 보이는 새에 대해서는 블랙 카이트(Black Kite)라고 설명하며, 매(Hawk)와는 또 다르며 독수리(Eagle)에 보다 가깝다고 한다. 암튼 연처럼 선회하듯 날아다닌다고 몸동작으로 설명한다. 당시는 뭘까 하며 궁금해할 뿐이었는데, 나중에 생각을 해보니 솔개를 의미하는 것이었다.

이 친구들은 내일 산탄데르*Santander*까지만 순례 여행을 하고 나중에 다시 찾아와서 재개하겠다고 한다. 이번 경우도 포르투갈레테*Portugalete*부터 시작하였고, 그전 구간들은 이전에 이미 따로 했다고 한다. 이처럼 접근성이 좋은 유럽인들 경우에는 산티아고 순례길을 개인 형편에 따라 나눠서 하는 경우도 적잖아 보인다.

바레요 마을을 지나면서 오늘 제일 높은 해발 120m 남짓되는 구릉마루 고개를 넘게 되는데, 대략 15시 40분가량이다. 이후 게메스에 이르는 과정에서 다소 때 일러 보이는 유채꽃밭도 만나보고, 산티아고까지 517km 남았다는 이정표도 지나면서 마침내 기착지 게메스에 이르렀다. 순례자 숙소(Albergue La Cabaña del Abuelo Peuto, 알베르게 라 카바냐 델 아부엘로 페우토)에 도착하니 16시 50분이고, 거의 25km 거리이다. 21km 정도일 것으로 예상한 구간을 4km가량 더 소화한 것으로, 이는 일부 구간에서 정규 코스 대신에 보다 멋진 풍경을 보여줄 것으로 기대된 옵션 코스를 택했기 때문일 것이다.

　오늘 쉬어갈 숙소는 도네이션 방식으로 운영되고, 100 침상이나 되는 규모가 상당한 순례자 숙소이다. 숙소로 들어서자 한 직원분이 목을 축이라며 물컵을 건네며 따뜻하게 맞이해 준다. 이곳 숙소에는 라레도 순례자 숙소에서 필자보다 2~3시간 이전에 출발했던 이탈리아 중년 남성부터 산토냐로 향하던 버스에서 중간에 먼저 내렸던 다수의 순례객이 이미 와있었다. 바레요 마을 고개를 넘어설 때 잠시 동행했던 이탈리아 베네치아 *Venetia*에서 온 젊은 여성의 경우는 불편한 다리를 쩔뚝거리면서 뒤늦게 합류했다.

　이곳 순례자 숙소는 규모가 큰 만큼 순례길 상징이 되는 다양한 조형물이나 기념이 될 만한 다양한 전시물들도 있는 훌륭한 순례자 숙소라 할 수 있다. 넓은 다이닝룸 한쪽 휴게 공간에는 대형 벽난로가 있어 따뜻하고 안온한데, 숙소가 가족들로 운영되는 만큼 순례자들에게도 가족적으로 대해줘서 마음 또한 절로 훈훈하다.

　적잖이 염려되었던 오늘 일정이 이렇게 순조롭게 진행된 것도 놀라운 일이 아닐 수 없는데, 평균속도 시속 4.3km라는 최고의 페이스로 당도했다. 필자 스스로도 이해

불가할 정도의 놀라운 회복력을 보여주고 있다 하겠다. 게다가 모처럼 순
례 여행객들 함께 어울리는 시간을 나누게 된다. 먼저 숙소 주인이신 페
우토(Peuto) 할아버지의 영적 체험 이야기를 예배당 같은 별실에서 귀담아
듣게 되고, 직후 모두 한 테이블에서 저녁 식사도 함께 나누게 되는데, 음
식은 심플한 호박 수프와 샐러드 그리고 스페인 전통 음식 빠에야(Paella)
였지만 와인을 반주로 한 꿀맛 같은 식사가 아닐 수 없다.

　이곳에서 시간을 함께 나눈 여러 나라에서 여행 온 순례객들을 열거하
자면 전날 라레도 순례자 숙소 룸메이트였던 독일 뮌헨에서 온 중년 여성
인 도리스(Dorris)와 이탈리아 남부에서 왔다는 이름 모를 중년 남성 그리
고 영국 노리치*Norwich*에서 온 제임스(James), 이탈리아 베네치아 인근 소

도시에서 왔다는 젊은 여성 실비아(Silvia) 그리고 이미 여러 차례 언급한 네덜란드에 온 두 청년, 끝으로 스페인 바르셀로나*Barcelona*에서 왔다는 젊은 남성 페르난도(Fernando) 등이다.

이 중 페르난도는 이곳 샤워실에서 처음 만난 친구인데, 성격이 사교적으로 필자가 한국인임을 직감하고는 자기 여자친구가 한국에 대한 모든 것을 좋아하고 관심 있어 한다며 필자에게 유난히 관심을 보인 젊은이다. 이탈리아에서 온 중년 남성은 라레도 숙소에서 룸메이트였는데, 당시도 필자에게 코를 많이 곤다고 불평을 했던 것처럼 이곳에서도 같은 이유로 필자와 같은 방에서 잘 수 없다고 숙소 측에 목소리를 높이는 바람에 마치 격리된 것처럼 필자 홀로 다른 방에서 자야 했다.

앞으로도 이곳 숙소에서 만난 숙소 메이트들과 순례 여행 중에 본의와 상관없이 만남을 되풀이하며 적잖은 사연을 만들게 될 것이다. 가급적 좋은 추억으로 기억될 에피소드들이 많이 만들어지기를 바랄 뿐이다.

맵핑 경로

Santoña ~ Güemes	
Day 12	24.84km
누적 거리	284.84km

Day 13.

2022. 03. 17.

Güemes ~ Santander

Santander에서 네덜란드 젊은이들과

이별주는 칼리모쵸로...

오늘은 비교적 여유로운 일정으로 숙소에서 산탄데르*Santander* 까지는 대략 10 km가량의 거리이다. 가이드 앱의 순례길 일정이 대체로 주요 도시를 경유할 때 좀 쉬어가라고 설계된 듯하다.

며칠 전 포르투갈레테*Portugalete*에서 카스트로 우르디알레스*Castro Urdiales*로 넘어올 때 이미 바스크 지방에서 칸타브리아 지방으로 들어섰는데, 산탄데르가 바로 이 지방의 수도로 핵심 도시인 듯하다.

Güemes	10.49 KM
Santander	

Güemes	10.49 KM
Santander	EDIT

🚶 0.00　⛰ 10.49　📉 148.96　📈 96.86

2.19 KM — Güemes
1.17 KM — Linderrio
3.26 KM — Galizano
4.20 KM — Langre
2.41 KM — Loredo
0.54 KM — Somo
— Santander

07시 30분경 아침 식사를 하러 갈 때, 이미 두 사람은 식사를 마치고 떠날 채비를 하고 있다. 라레도 *Laredo* 숙소에 이틀 머물 동안 각기 다른 날 필자와 같은 방을 썼던 독일 여성과 이탈리아 남성으로 그들은 그 당시도 7시 전에 숙소를 나섰던 부지런한 순례객들이다.

나만큼이나 게으른 네덜란드 친구들이 아침 식사를 하러 들어선다. 이 중 어린이에게 자연 학습을 시켜준다는 친구는 치즈로 유명한 고다*Gouda*가 자신의 고향이라고 하는데, 생각해 보니 필자가 다니던 회사에서 수입하여 쓰던 치즈가 바로 그의 고향에서 생산되는 고다 치즈였다. 이제 여행하며 만나는 유럽 여행객들이 살고 있다는 도시들은 적잖게 이미 다녀온 적이 있거나 이렇게 연관성이 찾아지니 어느덧 글로벌해져 가고 있음을 느끼게 된다. 글로벌화에는 필자처럼 짧은 영어가 그다지 문제가 되지 않는 듯하다.

푸근한 고향 집 같은 페우토 할아버지의 숙소(Albergue)는 아주 특별한 순례자 숙소라 오래 기억될 것이다. 호박죽과 빠에야(Paella) 그리고 샐러드가 일품이었던 어제 저녁 식사 그리고 여행자들에게 들려준 페우토 할아버지의 삶과 순례자 숙소를 운영하게 된 사연 등등….

9시 50분경 페우토 할아버지와 기념사진을 마지막으로 숙소를 등지고 순례객 중 제일 늦게 출발한다. 이후 5km 거리의 갈리싸노Galizano를 지날 무렵 네덜란드 젊은이 일마르(Ilmar)와 마린(Marijn) 그리고 이탈리아 젊은 여성 실비아를 만나 동행하게 된다. 일마르의 제안에 따라 정규 코스가 아닌 또 다른 옵션 코스 해안길로 향하게 되는데, 이내 만나게 되는 해안 절벽이 아주 인상적이다. 그

들은 대체로 급할 게 없이 느긋하게 멋진 자연을 찾아 즐기며 순례 여정을 이어나가는 순례객들로 일반적인 순례객들과 또 다른 면을 읽게 해준다.

필자도 오늘만큼은 그들과 함께

하면서 모처럼 여유로운 순례 여행을 즐겨보자 한다. 갈리싸노 해안에 접어들어 갈리싸노 해변(Playa de Galizano)과 랑그레 해변(Playa de Langre)도 지나면서 랑그레*Langre* 절벽 위 해안 풀밭에서 점심도 함께 즐긴다. 네덜란드 친구들은 주로 치즈, 버터와 바게트빵, 요거트와 압착한 통곡물인 뮤즐리(Museli)로 점심을 대신하는데, 이렇게 유제품과 통곡 시리얼을 즐기는 식습관이 네덜란드인들이 다른 유럽인들보다 큰 체구를 갖게 하는 이유 같다. 이후 로레도 해변(Playa de Loredo)과 소모 해변(Playa de Somo)들도 지나게 되면서 이곳으로 흐르는 실개천 여울을 지나며 갑작스럽게 밀어닥친 파도에 등산화를 적시기도 하는데 그저 유쾌한 재미의 일부분처럼 느껴진다. 실비아는 등산화를 벗고 여울을 건너 오랫동안 모래의 감촉을 즐기며 해변을 걷기도 하는데, 그래도 될 만큼 이곳 기후가 온화하기도 하다.

해안의 벼랑길이나 모래해변 또는 갯바위들이 있는 해변 그리고 넓은 초원이 있는 해안 구릉지, 해변과 구릉지를 이어주는 자연 친화적인 나무 계단, 반복적으로 해안에 밀려드는 거친 파도와 그들이 일으키는 변화무쌍한 포말 등등이 해변 트레킹의 묘미를 더해주며 갈리싸노 해안부터 소모 선착장(Embarcadero de Somo, 엠바르카데로 데 소모)에 이르기까지 자연을 만끽하게 해준다.

　16시경 소모 선착장에서 승선한 연락선은 잠시 페드레냐항(Puerto de Pedreña, 푸에르토 데 페드레냐)을 경유하여 산탄데르에 이르게 되는데 항로는 대략 5km 거리이고, 소요 시간은 30분가량이다. 요금은 승선한 후 배에서 카드 결제가 가능한데, 2.95유로이다.

　사실상 산탄데르행 연락선을 타면서 이날의 트레킹은 끝난 것이나 다를 바 없다. 산탄데르에서 하루 묵고 갈 숙소가 내린 항구에서 지근거리이기 때문이다. 오늘 산티아고 순례길을 끝으로 네덜란드 친구들은 1주일 휴가를 마치고 자국으로 돌아가게 된다.

　함께한 여정을 서로의 마음에 새기기 위해 카레라이스를 만들어 실비아를 포함한 이들과 함께 나눈다. 멸치육수를 베이스로 볶은 야채와 소고기를 넣어 만든 카레라이스를 감동적이라며 맛있게 먹어주는 그들이 오히려 보기 좋고 고맙다.

다시 외부 Bar로 장소를 옮겨 와인에 콜라를 섞어 만든 스페인 바스크
지방 칵테일 칼리모초(Calimocho)로 우의를 다지면서 추억의 한 페이지를
남긴다.

맵핑 경로

Güemes ~ Santander	
Day 13	23.33km
누적 거리	308.17km

2022. 03. 18.

Santander ~ Viveda

나홀로 순례 여행을 이어가며 옛사랑도 추억하게 되고

필자 연애관도 정리해 보다

오늘 코스는 산티야나 델 마르Santillana del Mar까지 11개 Post 마을을 지나 37km 남짓 거리를 소화해야 하는 일정이다. 오늘은 걸으며 또 누구를 만나게 될지는 모르지만, 때로는 혼자서 자신만의 페이스대로 묵묵히 걷는 것도 필요하다. 이따금 지나는 차량으로부터 경적 응원을 받기도 하면서….

유럽에서는 교통약자에게 자동차 경적을 울려 놀라게 하거나 위협하는 경우는 거의 없다. 그럼에도 산티아고 순례 여행 중에는 자신에게 경적을 울리는 차량을 더러 접하게도 된다. 하지만 이는 순례 여행을 격려하기 위한 스페인 사람들의 따뜻한 정감의 표현이다. 경적 직후에는 "부엔 카미노!"라는 응원 소리가 반드시 뒤따르니 말이다.

Santander			37.35 KM
Santillana del Mar			EDIT
6.18	31.16	485.07	543.39

거리	지점
5.18 KM	Santander
3.80 KM	Peñacastillo
1.58 KM	Santa Cruz de Bezana
3.03 KM	Mompía
3.95 KM	Boo de Piélagos
1.15 KM	Puente Arce
6.66 KM	Oruña
2.50 KM	Mar
2.26 KM	Requejada
1.35 KM	Barreda
4.56 KM	Viveda
1.34 KM	Camplengo - Queveda
	Santillana del Mar

11시가 거의 된 시각에 산탄데르 *Santander*까지 함께 온 친구들과 헤어지고 홀로 순례길을 이어간다. 네덜란드의 마린(Marijn)이란 친구가 자신에게는 더 이상 필요 없다며 필자에게 준 패치 형태의 인조피부를 부르튼 발바닥에 붙여서인지 걷기 불편함이 거의 사라진 듯하다. 한계 상황에 있는 필자의 발바닥 피부를 대신해 주고 있기 때문이다.

12시가 다가오는 시각 산탄데르 외곽 산업단지를 지날 무렵, 길가 미니공원 벤치의자에 앉아 다소의

휴식을 취하며 간 밤에 꾼 꿈을 떠올려 본다. 30여 년 전 동해안 여행을 마지막으로 헤어진 이후 두 번 다시 본 적이 없는 첫 사랑 같은 여인이 간밤에 멀리 이곳 스페인 꿈자리까지 찾아든 것이었다.

6년 전 다니던 직장에서 명예퇴직 요청을 거절당하고 새로 발령을 받아 내려가 지내던 경남 거창

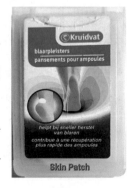

사업소 재임 시절, 설명절을 서울 본가에서 지내고 거창 임지로 내려가던 중 충북 옥천에 있는 그녀의 고향 집을 한 번 들러본 적이 있다.

당시 그녀의 어머님이 명절을 지내고 상경하는 자식들을 배웅하러 나왔다가 자신의 딸을 찾는 필자를 보고 옆에 있는 누군가에게 저분이 너의 언니를 찾는다며 당황해 했고, 어머니의 지원 요청을 받은 그녀의 동생되는 여성이 필자에게 "언니는 잘 살고 있고 먼저 서울로 올라갔다"면서도 혹 아무개 씨 아니냐며 필자 이름과 필자가 다니고 있는 직장명까지 정확히 알고 있어서 놀라웠다. 따로 연락 한번 드리겠다고 하여 연락처를 남기고는 돌아섰는데, 다음 날 오전에 필자에게 전화로 들려준 소식은 실로 엄청난 충격이었다.

교제할 당시 언제 어디로 튈지 모르는 그녀의 변덕스러운 성격에 헤어짐과 만남을 반복하며 5~6년간 힘든 관계를 이어갔었다. 늘 헤어지고 잊혀질 즈음 불현듯 연락을 취해 와 만남이 이어지고는 했던 것이다. 따라서 내심 평생 같이 살 배우자로 적합한 상대는 아니라고 마음속에서 정리하기에 이르렀는데, 하필 그런 시점에 연락이 와서 동해안으로 여행을 떠나게 되고 당시 그녀로부터 뜬금없이 청혼까지 받게 된다.

하지만 어찌 하겠는가 필자의 가치관이 달라졌다며 거절할 수밖에 없었다. 따라서 마음도 몸도 나눌 수 없었던 강원도 여행이 그녀와의 마지막 만남이 되었고, 그 이후로는 그녀가 두 번 다시 필자를 찾는 일이 없었던 것이다.

30여 년 지나 그녀의 여동생으로부터 전해 들은 충격적인 얘기는 참으로 믿기 어렵고 감당하기 어려운 소식이었다. 그녀와 서울에서 함께 자취하며 오래 동고동락했던 동생은 언니의 심해진 히스테리에 자신도 힘겨워 언니와 거리를 두고 있던 어느 날 언니가 극단적 선택을 했다고 한다. 그런 날 벼락 같은 상황을 온 가족이 현실로 받아들이기 힘들어할 때 혼자서 언니의 모든 걸 정리해 떠나보내주고 유해를 금강에 뿌려주었다고 한다.

그 이후 언니에 대한 언급은 친정집에서 암묵적으로 금기시되어 왔다고 한다. 모든 가족들에게 쉬이 아물지 않을 상처였기에 그 어느 누구도 언니 얘기를 입 밖에 꺼낼 수 없었고, 따라서 필자가 다녀가는 바람에 그 이모의 존재조차 모르고 20여 년 성장했던 자녀들이 알게 되어 비로소 언니의 존재에 대해 처음 얘기해 주게 되었다고 한다.

거창에 머물 당시 홀로 백두대간을 하면서 때로는 그녀의 이름을 허공에 외쳐 부르기도 했다. 상투적이지만 필자의 부덕에 대해 용서를 빌며 부디 하늘나라에서 편히 쉬라면서…

첫사랑 같았던 그녀가 더 이상 이 세상 사람이 아니라는 사실을 알게 된 직후 한동안 그리움과 안타까움에 제대로 숨 쉬기 어려울 정도로 고통스럽기도 했지만, 다시 까마득히 잊혀졌던 그녀가 예전 어여쁜 모습 그대로 간밤에 나타난 것이다. 그녀의 집에 초대받아 들뜬 마음으로 그녀의 집을 찾아갔고, 이렇게 멀쩡히 살아있는 언니를 이미 세상 사람이 아니라고 전해주었던 동생의 전언이 원망스럽기도 했다. 하지만 이러한 원망이 채 가시기도 전에 한낱 꿈이었음을 깨닫게 된다. 그녀의 영혼이 멀리 산티아고 순례 여정에까지 찾아와 준 것이 애써 반갑고 고맙지만, 무슨 의미인지는 모르겠다. 필자에 대한 원망을 잊고 필자의 순례 여행을 응원해 주는 것일까?

어찌 보면 변화한 필자의 가치관이 한 여성으로 하여금 세상을 등지게 한 것일 수도 있겠지만, 필자는 여태 살아오면서 결단코 거짓된 사랑을 하지는 않은 것 같다. 자신의 욕심을 위해 거짓된 사탕발림으로 상대 여성의 마음을 빼앗는 것은 상대에게 평생 씻을 수 없는 상처나 한이 될 것임을 알고 있기 때문이다.

남녀는 오로지 결혼이 아닌 사랑을 위해 만나야 한다고 믿는다. 결혼이 목적이 되는 순간 그 목적을 이루기 위해 자신을 거짓으로 포장하게도 된다. 그 거짓된 사랑의 결과로 목적을 이룬다 한들 해피엔딩이 아니라 불행한 결혼 생활로 이어지거나 파국으로 끝날 것이 뻔하지 않겠는가?

결혼은 사랑의 결과이어야지 결코 목적이 되어서는 안 된다는 것이 필자의 철학이다. 하지만 필자 경우는 이제 사랑의 결과라 할지라도 결혼을 받아들이기에는 이미 너무 혼자만의 삶에 익숙치 않은 듯 익숙해져 있는 듯하다. 이제 틀에 박힌 결혼에 대한 기대를 포기한 지 오래이다. 내세를 믿거나 영생을 기대하는 종교관은 전혀 없지만, 영혼이 되어 찾아와 준 첫 사랑에게 이 순간만큼은 하늘나라에서 다시 만나 이승에서 못다 한 사랑을 이어가자고 말해 주고 싶을 뿐이다.

1시간가량 전날 꿈에 대한 어지러운 생각을 정리하고는 다시 배낭을 질끈 어깨에 조여맨다. 마주 오던 차량 한 대가 멀리서부터 경적을 울려대다가 눈이 마주치자 엄지척을 해주며 지나간다. 아무 생각없이 첫 번째 거점 마을 페냐카스티요*Peñacastillo*를 지날 무렵 길을 잘못 접어든 순간에는 자신의 집마당에서 통화 중이던 한 남성이 입에 두 손가락을 넣어서는 휘파람을 불어 필자의 주의를 끈 후에 소리쳐서 손짓으로 길을 바로 잡아주고는 통화를 이어간다.

이후 계속 넓은 도로 갓길에서 마을 길 또는 좁은 도로 갓길로 바꿔가며 지날 뿐 거의 포장도로를 통해 도시도 아니고 시골이라고 하기도 애매

한 두 번째 거점 마을 산타크루쓰 데 베싸나*Santa Cruz de Bezana*를 지나 세 번째 거점 마을 몸피아*Mompia*를 앞두고 있다. 시간은 막 14시이고, 거리는 10km가량을 지나고 있는 지점이다. 마침 길가에 벤치가 있어 잠시 이곳에서 우유와 샌드위치로 요기를 하고는 다시 순례길을 이어간다.

네 번째 거점 마을 부 데 피엘라고스*Boo de Piélagos* 마을을 지나면서 기차길 위로 놓인 짧고 볼록한 형태의 다리를 넘게 되는데, 다리에는 인도 구분 없이 찻길만 있다. 혹시 다른 길이 있는지 주변을 살펴보지만 유일한 도로이다. 순례 여행 중 때로는 이처럼 안전하지 못한 순례길도 경험하게 된다.

15시 30분을 넘어서 다섯 번째 거점 푸엔테 아르세*Puente Arce*를 향하는 도중 파스(Pas) 강 못 미치는 지점 풀밭에서 큰일을 급하게 해결해야 했는데, 서양 사람들은 이런 볼일을 정글주스 만든다고 재미있게 표현하기도 한다.

이후 파스 강 앞에 도달하니 산티아고까지 560km 남았다는 안내판이 보인다. 전체 산티아고 순례길의 1/3 이상을 진행한 셈이다. 강을 건너지 않고 상류 방향으로 강을 거슬러 오르다가 ㄷ 자 형태로 강을 우회하여 아르세*Arce* 마을을 지나게 되는데, 눈앞에 있는 일반 다리를 놓아두고 상류 쪽 석조다리(Puente Viejo, 푸엔테 비에호)를 우회하여 건너야 한다. 하지만 석조 다리로 향하는 갈림길에서 만난 노인 분이 그쪽 다리는 폐쇄되어 있으니 바로 앞 일반 다리로 건너야 한다고 한다. 오늘 따라 잘못된 길로 접어들기 전에 미리 도움주시는 분들이 많아서 되돌아 나오는 헛수고를 줄이며 여섯 번째 거점 마을 오루냐*Oruña*에 이르게 되는데, 산탄데르로부터 20km 조금 못 미친 지점이고, 시각은 17시가 거의 되어 간다.

여기서 푸엔테 비에호 다리는 공사 중이라 바이패스했지만 그냥 간과할수 없는 다리였다. 이는 로마 시대에 건설된 로마네스크 다리로, 스페인에서 이 다리를 소재로 만들어진 『El Secreto de Puente Viejo(비에호 다리

의 비밀)』이라는 시리즈 드라마가 2011년에서 2020년까지 방영되며 유럽 베스트 드라마로 선풍을 일으켰다고 한다.

아무래도 시간관계상 숙소 사정이 좋은 여덟 번째 마을인 레케하다 *Requejada* 마을에서 오늘 일정을 조기에 마쳐야 할 것 같은데, 앞으로 10km가량 남은 만큼 7시 30분 정도가 되어야 마칠 수 있지 않을까 싶다.

오루냐 마을을 지나면서는 시골 마을길을 통해 3단 고개를 넘는다. 고개마루에서 잠시 일반 도로를 만나지만, 다시 시골스러운 길을 통해 굽이굽이 내려가게 되는데, 고개를 오르내리는 과정에서 전형적인 시골 모습의 말 농장이나 소와 양 목장 등을 지난다.

곧이어 이르게 되는 일곱 번째 거점 마을 마르*Mar* 초입에는 닮은꼴의 주택들이 연립되어 있다. 건축업자들이 보급한 개량 주택 모습이다. 마을 중심을 지날 때가 대략 25km 지점이고, 18시 30분가량이다. 마지막 휴식을 취하며 긴 호흡으로 피로를 달래며 오늘 쉬어 갈 레케하다로 향하게

되는데 비교적 순조로운 진행이다. 마르 마을을 벗어날 무렵 마을 어귀에 기념 조형물인지 기계 장비인지 모를 철골 구조물이 잠시 가던 길을 멈추게 한다. 마치 공업지대의 시작을 알리는 상징 아닌가 싶다.

레케하다 마을은 철길과 나란히 양쪽으로 잔디공원과 공단이 줄지어 있는 모습이다. 필자는 철길 오른편 잔디공원을 따라 진행하며 레케하다 역이 있는 지점에서 육교로 철길을 넘어 건너편 순례자 숙소에 다다른다. 19시 15분경으로 28km 거리 지점이다. 하지만 설마 했던 문제가 발생한다. Buen Camino 앱에는 운영 중으로 되어 있던 레케하다 순례자 숙소가 운영되지 않고 있는 것이다. 숙소와 같은 주인이 운영 중인 바를 찾아갔으나 실망스러운 결과가 기다리고  있었다. 숙소는 잠정 휴업 중이라고 하는 것이었다. 최악의 경우 10km가량의 거리인 산티야나 델 마르*Santillana del Mar*까지 가야 할 수도 있는 상황이다. 그전에 가능한 숙소만 있다면 숙박 형태나 가격에 개의치 않고 이용해야겠다는 생각이다.

레케하다를 벗어나면서 멀잖게 여덟 번째 거점 마을인 바레다*Barreda*에서 대규모 공업단지 불빛이 새어나오기 시작한다. 마치 레케하다부터 바레다까지 일대가 대규모 공업지역으로 보여진다. 암튼 대규모 공업 시설

단지를 지나고 다리를 통해 사하*Saja* 강을 건너게 되면서 바로 아홉 번째 거점 마을 비베다*Viveda*로 들어서게 된다.

다리를 막 건너온 순례길 도상에서 살짝 비켜선 지점에 레스토랑 호텔도 자리하고 있다. 다행히 모두 정상 운영 중으로 예약 없이 체크인하게 되는데, 비용도 무리가 없고 시설도 괜찮다. 시간은 20시 10여 분 정도이

고 31.7km를 진행한 것으로 당일 일정 기착지인 산티야나 델 마르에는 6.7km 못 미친 지점이다.

내일 일정에 이 거리를 더하더라도 28km 정도에 지나지 않는다. 따라서 오늘 못다 한 거리를 더한 내일 일정을 소화하는 데 전혀 문제가 안 될 듯하다. 내일을 위해 호텔 레스토랑에서 식사와 욕조 입욕 등을 기계적으로 마치면서 다음 날 일정을 위한 효율적인 휴식에 접어드는데, 발바닥 트러블은 거의 진압된 상태로 부르튼 발바닥 피부는 물집이 생길 겨를 없이 각피가 되고 있다. 이미 그 밑에서 새살이 돋아나고 있는 것이다.

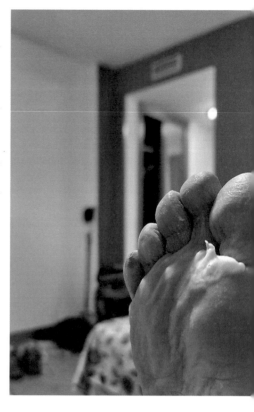

역시 닥치는 시련은 맞부딪혀 극복해야 하는 과제이지 피한다고 해결될 수 있는 문제가 아님을 몸소 체험하고 있는 것이다.

맵핑 경로

Santander ~ Viveda	
Day 14	31.67km
누적 거리	339.67km

Day 15.

2022. 03. 19.

Viveda ~ Comillas

닥치는 시련은 피해서 될 문제가 아니고,

극복해야 할 과제이다

오늘 일정은 어제 못다 한 산티야나 델 마르^{Santillana del Mar}

까지 거리 7km가량이 더해지지만, 어제 걸은 거리보다는 짧을 것으로 예
상된다. 12개 거점 마을을 지나게 될 것이고, 아주 빈번한 업다운이 예상
되지만 고도가 높지 않아서 그다지 무리는 없을 것이다.

순례 여행 10일 전후부터 있었던 발목 인대염좌나 발바닥이 부르터서
초래된 문제들은 이미 어느 정도 극복이 된 듯하다. 순례길을 진행하면서
는 최소한 이 정도의 시련은 필연적으로 뒤따르게 된다. 따라서 산티아고
순례 여행을 소화하려면 이런 시련은 피해서 될 문제가 아니고, 극복해야
가능한 과제인 것이다.

이미 회복된 듯 보이는 상황도 자칫 방심하여 다시 무리하거나 관리를 소

| Viveda | | 28.37 KM |
| Comillas | | EDIT |

🚶 1.25   🏛 27.11   ⛰ 665.28   ⛰ 660.86

	Viveda
4.56 KM	
	Camplengo - Queveda
1.34 KM	
	Santillana del Mar
2.61 KM	
	El Arroyo
1.14 KM	
	Oreña
2.44 KM	
	Caborredondo
2.72 KM	
	Cigüenza
3.44 KM	
	Cóbreces
2.86 KM	
	Trasierra
1.49 KM	
	Sierra
1.50 KM	
	La Iglesia
0.94 KM	
	Pando
1.06 KM	
	Concha
2.28 KM	
	Comillas

Viveda
Comillas   28.37 KM

홀히 하면 다시 재발하게 된다. 따라서 자신의 능력과 상황에 맞는 적절한 페이스 관리와 일정 조정이 끝임없이 요구될 것인데, 이번 순례 여행처럼 코로나 팬데믹 시기이면서 비수기인 경우에는 필요로 하는 곳에 운영 중인 숙소가 없는 경우가 많아서 상황을 콘트롤하기가 여의치 않은 경우가 다반사라서 곤욕스러울 때가 많다. 일반적인 성수기에는 전혀 겪지 않아도 될 일일 터인데 말이다.

필자는 이미 백두대간이나 몽블랑, 돌로미테, 히말라야 등의 트레킹 경험 등을 통해 발바닥에 물집이 생기지 않게 하는 방법을 체득해 왔다. 양발 걸음에 있어 균형을 한시도 흩뜨려서는 안 되고, 발바닥 접지 또한 걸음마다 또박또박 지면에 정확하게 디뎌줘야 한다. 그럼에도 산티아고 트레킹의 경우처럼 오랜 기간 트레킹을 지속하다 보면 발바닥이 부르트는 것까지는 피할 수가 없게 된다. 하지만 이때 대응이 매우 중요하다. 이때 역시 걸을 때

부르튼 부위를 오히려 보다 꾹꾹 눌러 온전히 디뎌주며 앞서 제시한 방식의 걸음걸이를 보다 잘 지켜줘야 한다. 그렇지 않으면 부르튼 발바닥에 물집이 차고 불안정한 걸음으로 발목뼈나 인대 부위에 무리가 누적되어 더 이상 트레킹을 지속하기 어려운 상황을 초래할 수도 있기 때문이다.

산티아고 순례길은 포르투갈 루트 등 일부 루트를 빼고는 적어도 700km 이상 되는 장거리 여로이다. 따라서 이런 산티아고 순례길을 이미 경험했다는 것은 이런 모든 문제를 몸소 부딪혀 이겨내고 극복했다는 것을 의미하기 때문에 존중받아 마땅하다고 생각한다.

10시 20분 넘어서 숙소를 나선다. 이내 접어든 구릉지 능선에 있는 비베다*Viveda* 마을을 지나게 되는데, 생각치 않은 눈 덮인 산맥이 저 멀리 눈앞에 펼쳐진다. 서남쪽 내륙 방향에 있는 피코스 데 에우로파 국립공원(Parque Nacional de Los Picos de Europa)으로 짐작된다. 눈 덮인 산만 보면 절로 가슴이 설레며 긴장감에 휩싸이곤 한다. 오르고 싶은 열망과 그로 인해 초래될 수 있는 위험성에 대한 막연한 두려움 때문인 것 같다.

3년 전 이맘때 그라나다에 방문했을 때 그라나다 남쪽으로 지중해를 가로막고 있는 시에라 네바다(Sierra Nevada) 산맥의 최고봉 3,479m 무라센(Mulhacén)산을 목도하고 오르고자 관련 정보를 검색했던 기억이 난다. 오로지 여름에만 해발 1,700m 트레킹 시작 지점까지 운행되는 버스가 있어서 당시 아쉽게 포기해야 했다.

그 직전에 방문했던 모로코 옛수도 마라케시*Marrakech*에서 아틀라스(Atlas) 산맥 최고봉 4,167m 툽칼(Tubkal)의 존재를 알게 되고는 즉흥적으로 그곳을 오르기 위해 해발 1,800m 산악마을 임릴*Imlil*을 찾아가 필요한 장비를 빌려서 툽칼 정상을 등정한 적도 있기 때문에 아마 그때 이후 간땡이가 부어서 생겨난 증상 같기도 하다.

암튼 오늘 일정이 본래 시작되는 산티야나 델 마르까지 서둘러 가야 하는데, 설산이 반복적으로 발걸음을 멈춰 세운다. 지나는 곳 전경에 따라 눈 덮인 설산이 다양한 모습으로 연출되기 때문이다. 이후 캄플렝고 *Camplengo* 마을을 지나 산티야나 델 마르에 이를 때까지 이런 상황은 반복된다. 결국 중간에 한 번도 휴식 시간을 못 갖고 산티야나 델 마르에 이르지만, 시간이 많이 지체되어 12시가 다 되어 가는 시간이다.

이 마을은 중세풍의 고색창연한 마을로 제법 인기 있는 관광 마을인 듯 주말을 맞아 방문한 행락객들로 북적인다. 필자 역시 이곳 바 레스토랑에서 핀초스(Pinchos) 두 개와 와인, 시드라(Sidra) 등의 음료를 즐기며 긴 휴식을 취한다. 먼 길을 가기 위해서는 적절한 휴식이 필수이기 때문이다.

여기서 시드라는 영어로는 사이다(Cider)이지만, 우리가 알고 있는 단순한 탄산음료가 아니고, 사과를 스페인의 전통적인 방식으로 발효시킨 알코올 음료이다.

산티야나 델 마르에서 1시간 이상의 긴 쉼표를 찍고서는 이제 그로부터 3km가량 진행하여 아로요 *Arroyo* 마을을 지나 오레냐*Oreña* 마을 사이 고개에 와있으나 벌써 14시에 이른다. 오늘 기착지 꼬미야스*Comillas*까지 쉬지 않고 가도 최소 18시가 될 듯하고, 쉬는 시간을 포함하면 19~20시까지 늦어질 수도 있을 것 같다.

오래 쉬고 온 산티야나 델 마르는 군더더기 없이 아름답고 역사성 있는 마을 같아 작은 시골 마을임에도 적잖은 숙박 시설과 기념품을 파는 상점들 또는 레스토랑 바들이 줄지어 있다. 그래서 한편으로는 우려스럽기도 하다. 관광 의존도가 높은 마을이라 Covid-19 같

은 외생변수에 의해 적잖게 타격받았을 수밖에 없을 것이라 추정되기 때문이다.

구릉골에 있는 오레냐 마을을 지나며 방심한 사이에 순례길을 놓치면

서 언덕 위에 홀로 고고하게 자리 잡은 산 페드로(San Pedro) 교구교회를

본의 아니게 건너뛰고는 카보레 돈도*Caborredondo* 마을에서 다시 순례길에 합류하게 된다.

이 마을을 지나 언덕 위에서 뒤돌아보며 조망되는 산 페드로 (San Pedro) 교회는 조지아의 카즈베기 산자락 언덕 위에 있는 게르게티 츠민다 사메바 교회의 모습을 연상케 하는 모습이다.

언덕을 넘어 구릉골에 있는 시겐싸*Cigüenza* 마을에 접어드니 대략 16km를 지났고, 시간은 15시 40분가량이다. 이 마을 산마르틴(San Martin) 교회 인근 벤치에서 간단한 간식으로 요기하며 20여 분가량 휴식 시간을 갖고 다시 순례길을 이어가는데,

피로가 다소 누적되었는지 휴식 이후에도 발걸음이 그다지 가볍지 않다. 시겐싸 마을에서 제법 표고 차가 나는 고개를 넘어 구릉지 산허리에 있는 마을 코브레세스*Cóbreces*를 지난다. 마을이 바다 방향으로 향하고 있어 칸타브리아 해를 조망하기 좋은 마을이다. 마을을 벗어날 무렵 오늘 처음으로 슈퍼마켓을 만나 필자에게 식수라고 할 수 있는 우유를 샀다. 오늘 출발지에서 20km 거의 다 된 지점으로, 시간은 16시 50분가량이다.

이후 해안으로 곧장 내려가 루아냐 해변(Playa de Luaña, 프라야 데 루아냐)을 지나 해안 구릉지로 오른다. 그 초입에 꼬미야스까지 8.8km, 소요 시간 2시간 20분으로 표기된 이정표가 보인다. 이때 시각이 17시 25분가량으로 쉬지 않고 가도 19시 45분이 되어서야 도착할 수 있음을 의미한다.

다시 구릉지를 위에 있는 트라시에라*Trasierra* 마을을 지나고, 바다를 등지고 구릉지를 넘어가 시에라*Sierra* 마을도 지난다. 그리고 다시 낮은 구릉지를 넘어 어느 마을로 들어서니 시각은 18시 20분경이다. 거리는 25km를 넘어선 지점이며, 마을 이름은 교회라는 뜻의 라 이글레시아(La Iglesia)이다. 아마 이 마을의 교회가 특별한 상징성을 띠고 있어서 마을명이 그런 게 아닐까 싶다. 이후 구릉지 위에 산 호세(San José) 수도원이 있는 마을 판도Pando를 지나게 되고, 구릉 너머 연이어 작은 마을 콘차 Concha를 경유하게 되는데, 이 마을에는 폐가가 적잖아 보인다. 버려진 듯한 집들이지만, 골목을 이루는 집들이 옛스러운 멋을 풍기는데 이미 생명력을 잃은 마을 같아 안타깝다. 이제 바로 내려가면 2km 남짓 거리의 기착지 꼬미야스다. 하지만 막바로 내려가는 길을 허락하지 않고, 내륙 쪽 구릉지를 넘어 우회하는 길로 꼬미야스에 입성하도록 길이 설계되어 있어 순례객의 남아있는 잔여 에너지를 모두 소진케 한다.

오늘 일정이 끝나는 지점인 산 크리스토발 데 꼬미야스(San Cristóbal de Comillas) 교회에 이르러 먼저 배낭부터 벗어던지고 등산화끈을 풀어 늘 고생을 도맡아해 온 어깨와 발을 자유롭게 해준다. 이때 시각이 19시 30분경이고, 30km를 소화한 거리이다.

잠시 한숨을 돌리고 숙소를 검색을 해보는데, 체크인 가능한 곳이 확인되지 않는다. 꼬미야스는 마을이라기보다는 작은 휴양도시 모습인데, 아직도 임시 휴업 중인 숙소가 많은 데다가 주말이다 보니 운영 중인 숙박업소는 이미 수요가 포화 상황인 것이다. 숙소를 찾아 멀리 이동할 여력이 없는 상황이라서 혹시나 하는 마음에서 휴업 중이라는 호텔들을 찾아가 보지만 허사다. 어제 하루 머물렀던 비베다*Viveda*의 쿠엘리(Cueli) 호텔의 경우도 휴업 중이라는 정보와 달리 영업을 하고 있었는데 꼬미야스에는 그런 곳도 찾아지지 않는다.

결국 꼬미야스에서 다소 거리가 있는 숙소 호텔 헤라 마요르(Hotel Gerra Mayor)를 검색으로 찾아내기는 했지만, 갈 수 있는 대중교통이 없어 가는 방법을 고심하던 중 잠시 정차 중인 승용차에 다가가 도움을 청하게 되는데, 다행히 외면하지 않은 그 기사분의 도움 덕분에 안식처에 이르게 되며 미션을 해결한다. 이처럼 필자가 순례 여행을 무사히 마칠 때까지 감당 못 할 미션(Mission Impossible)이 없기를 빌어보며 하루 일정을 접는다.

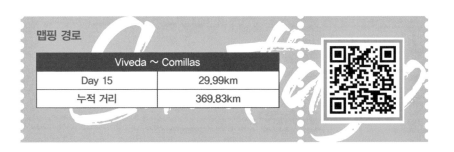

맵핑 경로

Viveda ~ Comillas	
Day 15	29.99km
누적 거리	369.83km

Day 16.

2022. 03. 20.

Comillas ~ Pesués

아무리 힘들어도 포기하지 않고

지속해야 하는 순례 여행은 우리네 인생과 닮아있어 보인다

　　오늘은 기착지 세르디오Serdio까지 20km가 채 안 되는 거리
이고, 거점 Post 마을이 4곳이다. 그렇다고 부침이 아주 심한 구간도 아
니다. 모처럼 일찍 마치고 빨리 쉴 수 있는 일정이 될 듯하다.

　　아침을 맞은 호텔에서 조망하는 뷰는 아주 훌륭하다. 지난 밤에는 상상
할 수도 없었던 그림이 사방에 펼쳐진다. 숙소가 곶에 위치한 입지 덕분에
3면이 바다이고, 뒤로는 눈 덮인 산이 배경이 되고 있다. 좋은 시설의 호
텔은 아니지만 추천할 만한 훌륭한 뷰를 품고 있는 숙소이다.

　　그나저나 순례 여행을 이어갈 꼬미야스Comillas로 돌아갈 일이 다소 걱정
스럽다. 꼬미야스로 돌아가기 위해 버스나 히치하이킹을 위해서 숙소 뒷
편 큰길로 나와있는데, 이곳에서 게메스Güemes 순례자 숙소에서 만났던

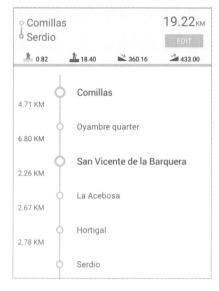

Comillas			19.22 KM
Serdio			EDIT
🚶 0.82	🏃 18.40	📉 360.16	📈 433.00

4.71 KM — Comillas

6.80 KM — Oyambre quarter

2.26 KM — San Vicente de la Barquera

2.67 KM — La Acebosa

2.78 KM — Hortigal

Serdio

스페인 친구 페르난도와 영국인 제임스를 우연히 만나게 된다. 페르난도는 한국에 대해 각별한 애정을 갖고 있는 여친 덕분에 자신도 한국에 대해 관심이 많다면서 반가움을 표시했던 친구인데, 오렌지 한 봉지를 필자에게 건넨다. 필자를 다시 만나게 되면 꼭 주려고 준비한 것이라고 한다. 그 친구의 마음 그 자체가 감동이 아닐 수 없다.

제임스는 런던에서 좀 떨어진 동북부 노리치*Norwich*에 산다는 친구인데,

필자도 순례 여행을 마친 후 영국에 갈 거라면서 런던 남서부 윈저*Windsor*
에 사는 친구를 만나기 위해서라고 얘기하니까 윈저에 살면 그 친구는 분
명 부자일 것이라고 귀뜸해 준다. 제임스는 자신이 본드(Bond)는 아니라
고 뜬금포를 날리는 것이 다소 싱겁게 느껴지지만, 그럼에도 분명 본드처
럼 샤프하면서 유머러스한 친구임이 분명하고, 역시나 고급진 영어를 구사
하는 것만으로 영국 신사다운 면모가 엿보인다.

그 친구들을 먼저 보내고도 꼬미야스에 가는 차량을 잡는 게 쉽지 않
다. 비수기 순례 여행은 늘 숙소 문제가 불확실성으로 작용하며 이렇게
파생되는 문제까지 적잖은 어려움을 주고 있다. 히치하이킹 시도가 길어
지던 중 숙소에 스틱을 두고 온 것을 깨닫고는 다시 되돌아가 스틱을 챙겨
온다. 길어지는 히치하이킹 시간에 대한 보상 같기도 하고 암튼 다행이 아
닐 수 없다.

방향이 맞지 않거나 자리 여유가 없는 차량들, 때로는 그냥 지나치는 차량 등등 여러 이유로 쉽지 않은 가운데 무려 1시간 이상 걸려서야 히치하이킹에 성공하여 꼬미야스 중심지까지 되돌아가 순례 여행을 다시 재개하게 되는데, 이 과정에서 흥미있는 문구 "쿼 바디스(Quo Vadis)"를 만난다. '주여, 어디로 가시나이까?'라는 의미로 이곳 레스토랑 상호였던 것이다. 꼬미야스를 벗어나오니 벌써 11시 10분에 가까워 온다. 햇볕이 쨍쨍한 날씨에 이즈음에서 반팔 차림만 하고 벗은 옷들을 배낭에 넣고 목을 축이고는 갈 걸음을 본격적으로 재촉한다.

나중에야 깨닫고 아쉬워했던 부분을 이 대목에서 언급하자면, "아는 만큼 보인다"는 말마따나 꼬미야스 마을에는 안토니 가우디(Antoni Gaudi)의 엘 카프리초(El Capricho)라는 아름다운 건축물이 있음에도 필자는 이를 전혀 인지하지 못하고 있었기에 아무렇지도 않게 이를 그냥 지나쳤다는 사실이다.

가우디의 엘 카프리초는 알록달록한 색감과 아기자기한 타일 장식이 돋보이는 외관을 갖추고 있다고 한다. 가우디 건축의 특징이라면 형태, 색상, 건축 재료 그리고 디자인의 혁신적인 결합 등의 총체이면서 건축 양식은 곡선적이고 기하학적으로 복잡한 특성을 보인다고 한다. 이런 가우디의 건축물에는 사그라다 파밀리아(Sagrada Familie) 대성당을 비롯하여 카사 비센스(Casa Vicens), 구엘 저택(Palau Güell), 구엘 공원(Parc Güell), 카사 바트요(Casa Batllo), 카사 밀라(Casa Milla) 등이 있는데, 주로 바르셀로나에 소재하고 있다. 아마도 꼬미야스에 있는 엘 카프리초가 바르셀로나 이외에 있는 가우디의 유일한 건축물이 아닐까 싶다.

암튼 꼬미야스를 벗어나 라 리비아 강(Ria La Rabia, 리아 라 라비아)과 까비탄 강(Ria Capitán, 리아 까비탄) 두 강을 건너고 꼬미야스로 돌아가는 차량의 창밖으로 실비아를 보았던 오얌브레 해변(Playa Oyambre) 등을 지나 아침에 체크아웃을 했던 호텔 헤라 마요르(Hotel Gerra Mayor) 인근으로 돌아오니 이미 12시 15분가량인데 이제 겨우 6.5km를 진행한 거리이다.

홀로 하는 산티아고 순례 여행

그럼에도 오늘 예정하고 있는 기착지 세르디오까지 1/3은 족히 소화한 거리이다. 따라서 오늘 목적지를 세르디오보다 5km가량 먼 거리인 페수에스*Pesués*로 조정하고, 그 마을에 있는 바비에라 숙소(Albergue Baviera) 싱글룸을 Booking.com으로 예약해 놓는다.

오전에 오얌브레 해변(Playa Oyambre)에서 보았던, 다른 순례객들에 파묻혀 순례 여행 중인 실비아의 컨디션은 아주 좋아 보였다. 그녀는 산탄데르*Santander*에서 하루 더 쉬고 산티야나 델 마르*Santillana del Mar*까지는 대중교통을 이용해 건너뛰었기 때문일 것이다. 어제는 꼬미야스 숙소에 머물렀고, 오늘은 운케라*Unquera* 마을에 있는 리오 데바 숙소(Albergue de Rió Deva)에 머물거라고 메신저로 알려온 바 있다.

숙소 예약을 하는 등 쉬어가는 곳인 노상 정류장에서 너무 더운 나머지 하의 내복까지 아낌없이 벗어낸다. 노출된 장소이지만 순례길은 많은 것이 이해되고 용납되는, 관대하고 너그러운 길이라는 생각에 다른 사람들의 시선을 아랑곳하지 않고서 옷을 고쳐 입었던 것이다. 출발지 이룬*Irun*에 남기고 온 춘추용 등산바지가 아쉽지만 그럼에도 한결 가볍고 산뜻해진 마음으로 순례 여행을 이어간다.

지금은 모든 신체적 어려움에서 벗어나 가볍고 경쾌하게 여행을 이어가지만 언제라도 극복된 아픔이 되풀이될 수 있다. 그럴지라도 포기하지 않고 지속해야 하는 순례 여행은 우리네 인생과 닮아있어 보인다. 따라서 때로는 과단성 있는 결연한 의지가, 때로는 무리하지 않는 절제미가 요구된다 하겠다.

건너편 해안의 산 빈센테*San Vicente* 마을까지 직선거리로는 가까워 보이지만 이에 이르는 순례길은 좌우로 만곡되어 있고 위아래로 구릉져 있어 생각처럼 도달거리가 간단치 않다. 그럼에도 눈 덮인 피코스 드 에우로파

국립공원(Parque Nacional de Los Picos de Europa)을 배경으로 두고 있는 산 빈센테 마을의 아름다움은 시종 눈을 뗄 수 없게 할 정도로 기가 막힌 그림 그 자체이다. 어느덧 라 마사 다리(Puente de La Maza, 푸엔테 데 라 마싸)를 건너서 산 빈센테에 이르니 13시 40분을 넘어서 있고 11.5km 정도를 진행한

거리이다. 잠시 경로를 벗어나 이곳 포구에 있는 레스토랑에서 점심을 챙겨

먹으며 쉬어가는 시간을 갖는다. 문

어와 멸치회, 염소 치즈, 삶은 달걀

등을 곁들인 샐러드가 맛이 훌륭하

고 포만감도 주는 반면에 가격은

11.50유로로 비싸지 않다. 요기 겸

휴식으로 산 빈센테에서 1시간 남짓

머무른 후 1시간가량 다시 걸어 온

곳은 꼬미야스에서 16km가량의 지

점으로, 내륙 쪽 구릉지 마을 라 아

세보사*La Acebosa*에서 세르디오로 넘

어가는 가장 높은 고개마루이고 시

간은 15시 40분을 넘어서고 있다.

가파른 언덕을 올라오며 과열된 체

열을 식히기 위해 겉옷을 벗어 다시

티셔츠 한 장만으로 가던 길을 재촉

한다. 산 빈센테에서 쉴 당시 땀이

식어 껴입었던 옷이었다. 언덕 주변 목초지에는 달래가 드문드문 눈에 띈다.

언덕길을 내려와 오르티갈*Hortigal* 마을에 접어들면서 고개 하나를 다시 넘어 세르디오까지 3km가량을 차도로 걸어야 한다. 이 구간에서 보행 안전에 유의하라는 안내판이 세워져 있다. 오늘의 당초 계획했던 기착지 Serdio 마을에 이르니 17시가 가까워 오고 20km를 다소 넘어선 거리로 중간에 하루 쉬어가는 거점 마을 치고는 다소 작은 마을로 구릉마루에 위치해 있다.

예약한 숙소가 있는 페수에스로 다시 발걸음을 옮기는 시각은 17시 10분이고, 남은 거리는 대략 5km 정도이니 늦어도 18시 30분까지는 오늘 일정을 여유 있게 매듭짓게 될 것이다.

세르디오 마을에서 난사 강(Rio Nansa) 강하구 기슭에 자리 잡은 마을

무뇨로데로*Muñorrodero*까지 3km 남짓 거리를 급하게 내려가 마을을 벗어날 무렵 만나게 된 촌로에게 반사적으로 "올라(Hola)!" 하고 인사말을 건넨다. 촌로 역시 "부엔 카미노!"라고 화답하시고는 잠시 기다리라고 바디랭귀지를 하신다. 이윽고 두 손에 호두를 가득 챙겨 나와 건네주시면서 응원을 보내주신다. 이 또한 촌로의 따뜻한 마음을 읽게 해주는 소소한 감동이 아닐 수 없다.

이후 강 따라 좀 내려가다 티나메노르 강(Ria deTinamenor) 강어귀의 다리를 건너 다시 구릉지 언덕을 급하게 올라 구릉마루에 있는 페수에스 마을의 숙소에 무난히 이르게 되는데, 이 과정에서 만난 티나메노르 강(Ria de Tinamenor) 다리 주변 모습이 한 편의 그림처럼 색감이 인상적이다.

페수에스 마을 시청(Ayuntamiento) 건너편에 있는 숙소 바비에라 레스토랑 숙소(Albergue Restaurante Baviera)는 개인실만 운영되는 호텔과 같은 곳인데, 전혀 예상치 못한 복병이 기다리고 있었다. 레스토랑을 겸한

숙소가 식당을 운영하지 않고 있고, 이곳 이외에는 아예 이 마을에 레스토랑이나 Bar도 없으며, 식료품점도 확인되지 않는다. 그렇게 작아 보이지 않는 마을임에도 이런 당황스러운 상황에 직면하게 되고 말았다.

순례 여행 비수기가 아니고, Covid-19 상황이 아니었다면 겪지 않아도 될 일이었을 텐데 달리 방법이 없다. 코펠과 버너는 카미노 델 노르테(Camino del Norte) 출발지 이룬에 자전거 등과 맡겨놓고 와서 배낭에 있는 라면도 조리해 먹을 수 없다. 마을을 뒤져 그나마 마을회관 앞에서 발견한 자판기에서 뽑아온 스낵으로 저녁을 대신할 수밖에 없는 한심스러운 상황이다.

평소 경멸해 온 정크푸드인 스낵을 입에 댈 수밖에 없지만, 그나마 아침에 만났던 페르난도가 전해준 오렌지와 무뇨로데로 마을 촌로가 전해준 호두 등이 저녁을 의미 있게 해주어 마음의 보약 같았다.

맵핑 경로

Comillas ~ Pesués	
Day 16	25.29km
누적 거리	395.12km

03

아스투리아스
(Asturias) 지방

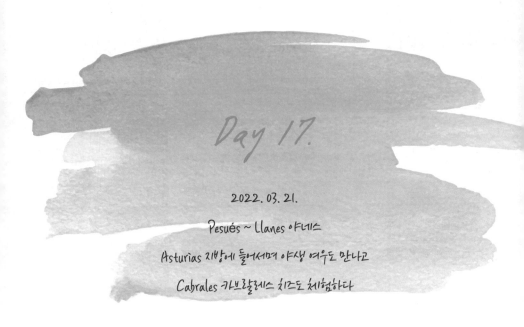

오늘은 9개의 포스트 마을을 지나 야네스^{Llanes}까지 28km 정도를 진행하게 될 것이다. 그곳에 있는 숙소는 전날과 같이 Booking. com을 통해 이미 예약을 해놓았기 때문에 확정된 기착지라고 할 수 있다.

어제 주변에 운영 중인 레스토랑이나 식료품점조차 없어 저녁을 굶을 뻔한 상황을 모면케 해준 음식은 무뇨로데로^{Muñorrodero}를 지나올 때 만난 마을 촌로가 건네어 준 호두, 아침에 우연히 만난 페르난도 팔라레스(Fernando Pallares)가

전해주었던 오렌지 그리고 필자가 평소 정크푸드라고 외면해 온 스낵 과자 등이었다.

과연 전날 호두를 건네어 준 촌로의 호의가 우연이었을까? 당연히 우연이었겠지만, 촌로는 마치 잘 짜여진 각본의 필연처럼 미리 필자가 굶주리게 될 상황을 예견이라도 한 듯이 길가는 나그네를 불러 세워 요긴한 양식을 베푸셨다. 호두 까기 기구도 이룬*Irun*에 남기고 와서 없었지만, 숙소 열쇠홀더가 묵직한 금속 덩어리라서 호두 까기에 안성맞춤이기도 했다.

먹거리 중 스낵과자는 두 번 다시 가까이 할 일은 없겠지만, 음식을 사람으로 바꿔서 생각해 볼 경우, 경우에 따라서는 멸시의 대상에게도 도움을 받을 수 있는 상황이 있을 수도 있음을 암시해 주는 것 같기도 하다. 따라서 인간관계에 있어서도 어느 누구도 경시하거나 무시하는 일이 없어야겠다는 마음을 되새기게 한다.

전날 늦은 오후 실비아는 페르난도, 제임스와 함께 모두 다음 마을 운케라*Unquera*에 있는 숙소 알베르게 리오 데바(Albergue Rió Deva)에 있다며 예약한 숙소가 없으면 찾아오라고 알려왔었다. 필자가 의존하는 가이드의 앱의 정보에 따르면 시즌인 4월이 되어야 운영하는 곳인데, 실제는 이미 운영하고 있었던 것이었다.

이처럼 운영 안 한다고 한 곳이 운영하고 있거나 이와 반대의 경우도 적잖아서 가이드 앱 Buen Camino가 제공하는 숙소 정보에 대한 신뢰는 아주 접기로 한다. 믿었다가 낭패를 경험한 적이 한두 번이 아니었기 때문이다. 결과적으로 레스토랑은 휴점 중인 페수에스*Pesués* 마을 숙소를 사전에 Booking.com으로 예약하여 어려움을 겪었던 것 또한 Buen Camino의 부정확한 숙소 정보 탓이었던 것이다.

따라서 일전에 독일 친구 사브리나(Sabrina Sam-Bale)가 알려준 Gronze.com을 활용하여 오늘 기착지 야네스에는 숙소 알베르게 라 에스타시온(Albergue La Estación)이 운영되고 있는 것을 확인하고 Booking.com으로 이미 예약을 해놓았다. 지금까지 문제가 되었던 숙소 정보를 Gronze.com에서 체크해 보니 모두가 숙소 실제 상황과 일치했기 때문이다. 오늘 머물게 될 숙소는 간만에 취사가 가능한 순례자 알베르게인 만큼 등심스테이크로 일용할 양식을 대신하게 될 것이다.

9시 50분경 숙소를 떠나 순례 여행을 재개한다. 부르텄던 발바닥의 각질은 제거되었고, 새로운 진피가 거의 돋아났다. 더 이상 인조피부 패치를 붙이지 않아도 문제가 없는 상황으로, 순례길 시작할 때보다 오히려 단단해진 느낌이다. 이렇듯 순례 여행 중 겪게 되는 시련들은 순례를 지속하면서도 극복되고 치유될 수 있는 일시적 고난일 뿐이다. 아직 여정이 반 이상 남아있기 때문에 이런 시련이 거듭 되풀이될 수도 있겠지만, 설령 그러할지라도 역시 마찬가지로 무난히 극복될 것이다.

2.5km 거리의 규모 있는 강기슭 마을 운케라를 지나면서 며칠 만에 만난 슈퍼마켓에서 우유, 사과, 우유쌀밥, 샌드위치 등 간단한 점심거리를 장만하고 데바*Deva* 강의 다리를 건너게 되는데, 이 강이 칸타브리아 (Cantabria) 지방과 아스투리아스(Asturias) 지방의 경계로 이 순간부터 아스투리아스 지방에 발을 들여놓게 되는 것이다.

11시 10분경 4.5 km 거리를 넘어선 콜롬브레스*Colombres* 마을에 들어선다. 그 과정에서 운케라 마을 다리를 건너자마자 구릉지를 오르면서 제법 힘을 소진해야 했다. 절대고도보다 경사가 급하게 1km가량 이어지기 때문이었다. 콜롬브레스에 이르도록 내내 건너편 구릉마루에 있는 마을이 시야에 지속적으로 들어왔는데, 필자가 잠시 숨 돌리고 있는 이곳 콜롬브레스 역시 똑같은 지형의 마을이다. 이곳에서 작은 볼일을 보기 위해 화장실을 찾는데 관광 안내소나 시청(Ayuntamiento, 아윤타미엔토) 출입문들이 닫혀 있어 어쩔 수 없이 시청 앞 잔디밭에 설치된 천막 안에서 해결하고 만다.

적절한 휴식과 볼일 이후 멀리 구릉골 사이로 보이는 해안 방향으로 구

릉지를 내려가면서 엘 페랄*El Peral*

과 라 프란카*La Franca* 등 세 번째,

네 번째 포스트 마을을 잇달아 지

나 해안을 향해 구릉지를 다시 오

르게 되는데, 이때 진귀한 경험을

하게 된다. 사람의 인기척에 필자

를 먼저 보고 꽁무니 빼고 있는 녀

석을 포착한 것으로, 여우로 추정

되는 뒷모습이다. 멀리 벗어나 숲

으로 들어가 사라지기 전에 두 차

례나 뒤돌아서서 필자를 경계하며

바라보는 모습에서 여우임을 확인

할 수 있었다.

　프랑스 지중해에서 대서양까지 내륙 횡단 자전거 여행(Canal des 2 Mers à Vélo) 중에도 여우를 만난 적이 있지만, 그때는 안타깝게도 로드킬 당한 여우의 사체였다. 이번에는 그때와 달리 야생에서 서식하고 있는, 살아있는 여우의 모습이라 보다 특별한 경험이 아닐 수 없다. 생각보다 체구가 작고 연약해 보이는 여우의 모습에서 우리나라 전설 속에서 접했던 인간을 위협하는 신출귀몰한 구미호의 모습을 연상하기는 어려워 보였다. 부디 사냥개 같은 맹견을 만나지 않고 자연 속에서 무탈하게 살아가며 인간과 공존하기를 바라는 마음뿐이다.

　지금은 12시 40분경 10km 거리를 막 지난 해안로, 길가로 여우를 만난 직후 구릉지를 벗어나 접하게 된 해안로이다. 쉬기에 적절한 곳은 아

니지만, 장거리 여행을 전담하는 어깨와 발을 위해 긴 휴식을 취하면서 지친 이들을 위해 파발마에게 여물을 먹이듯 에너지원을 보충하기 위해서이다.

이후 해안 도로를 따라서 부엘나Buelna 마을까지 지루한 걸음을 이어간다. 해안 조망도 신통치 못하면서 단조롭고 길기 때문이다. 부엘나 마을에 연이어 여섯 번째 포스트 마을 펜두엘레스Pendueles도 지나는데, 크지 않은 마을이지만 마을 규모에 비해 유난히 순례자 숙소가 많다.

이후 목초지가 많은 구릉지를 넘어 비디아고 해변(Playa de Vidiago)에 와서 다소의 휴식 시간을 누린다. 이때 시각이 15시경이고, 15.5km가량 진행한 거리이다. 비디아고 해변은 해안벼랑 사이에 창처럼 열려있는 조그만 해변으로 자갈로 이루어진 몽돌 해변이다.

왼쪽 벼랑 위에는 여지없이 유칼립투스 나무들이 수목림을 이루고 있는데, 유칼립투스 나무는 치유의 길인 순례길의 상징적인 나무가 아닐 수 없다. 순례길 도처에 분포되어 있는 이 나무에서 풍기는 멘솔 수목향이 멍든 가슴을 어루만져주는 손길처럼 느껴지기도 할 것이기 때문이다. 30

여 분의 휴식이 배낭 무게에 짓눌려 온 어깨의 통증을 진정시키기에는 절대적으로 부족한 시간인 듯싶다. 해변을 벗어나 구릉지를 오르고 목초지를 지나 고속도로와 철길을 건너기 위해 진행 방향과 역방향으로 유턴을 반복하며 내륙쪽 구릉지마을 비디아고*Vidiago* 마을에 이르기까지 내내 어깨 통증에 시달린다.

따라서 16시경 18km 거리도 못 미친 지점에서 때이른 휴식을 취하며 마을 수돗가에서 사과를 씻어 먹는다. 어깨가 안정을 취할 시간을 벌어주기 위함이다.

비디아고 마을을 가로질러 지나며 동서로 순례길과 나란한 국도를 만난다. 칸타브리아(Cantabria) 지방 주도 산탄데르*Santander*와 아스투리아스(Asturias) 지방 주도 오비에도*Oviedo*를 오가는 도로인데, 비디아고에서 푸에르타스 데 비디아고*Puertas de Vidiago*와 산 로크 델 아세발*San Roque del Acebal*을 지나라 갈게라*La Galguera*까지 7~8km 거리가 순례길 진행 방향과 일치한다. 이러한 길로 똑같이 여정이 진행된다면 지루하고 힘들 것이다. 다행히 이 국도와 나란한 마을 돌담길과 숲길, 오솔길 때로는 국도들을 번갈아 가며 순례길은 이어진다.

이제는 18시가 넘어섰고, 25km 거리 산 로크 델 아세발을 막 지나온 지점의 잔디밭이다. 전방 마을 뒤로는 암릉으로 이어진 바위산들이 병풍처럼 펼쳐져 있고, 잔디밭 뒤로는 구릉지 아래 기아 광고판이 세워져 있다. 생각보다 고단한 일정이라 바위산을 바라보며 마지막 휴식으로 피로를 달랜다.

이후 차량 도로를 이용하면 쉽게 다다를 수 있는 야네스지만, 순례길은 그리 간단치 않다. 구릉지 하나를 넘어가야 한다. 고속도로 토끼굴을 지나 구릉지 언덕을 두 번 감아올라 그리스도 예배당(Ermita del Santo Cristo del Camino) 성지 같은 곳을 지나서야 야네스를 향해 내려가게 된다.

2km가량 내려가 접하게 되는 야네스는 그렇게 크지는 않지만 짜임새 있는 멋진 항구도시로, 아스투리아스 자치주의 주요 도시 중 하나이다. 석회암 카르스트 지형 산맥인 피코스 데 유로파(Picos de Europa)를 배경으로 하고 있는 해안 경관이 빼어난 항구도시로 유명하다.

출발 지점인 이룬이 속한 바스크(Basque) 지방에서 칸타브리아지방을 거쳐 이제 아스투리아스 지방에까지 다다른 것이다. 고풍스러운 시내 중

심지를 거쳐 체크인한 숙소 알베르게 라 에스타시온(Albergue La Estación)에서 드디어 페르난도, 제임스, 실비아 등을 다시 만나게 된다.

몇 시간 전에 먼저 왔다는 페르난도와 제임스는 이미 씻고 저녁도 먹고는 쉬고 있고, 실비아는 새로 만난 일행들과 식사를 시작하고 있다. 실비아 덕분에 그 일행들이 먹고 있던 까브랄레스(Cabrales) 치즈를 경험해 보고는 첫 입에 반하게 된다. 습하고 선선한 이 지방 동굴에서만 만들어진

다는 얘기에 아스투리아스 지방과 까브랄레스 치즈를 함께 연관지어 기억에 새기게 되는데, 소·양·염소 젖 등의 혼합유를 유산균으로 발효한 후 곰팡이로 숙성하여 치즈 속에까지 곰팡이가 피어 거뭇거뭇하다. 당연히 도전하기에 주저하게 만드는 모습이지만, 선입견과 달리 막상 입에 들어간 까브랄레스 치즈는 버터처럼 맛이 부드럽고 발효취도 강하지 않아 필자 입맛에 딱이었다. 여행의 즐거움 중에는 그 지방 고유의 음식을 경험하는 것 또한 빼놓을 수 없는 부분인 듯하다.

맵핑 경로

Pesués ~ Llanes	
Day 17	28.88km
누적 거리	424km

Day 18.

2022. 03. 22.

Llanes ~ RibadesellA 리바데세야

같은 곳을 바라보며 식사를 즐기고 있는 노부부의 모습이

노년의 삶을 어떻게 살아야 할지 시사해 주는 바가 크다

바쁘게 오다 보니 알타미라 동굴(Cuevas de Altamira)은 전혀 생각지도 못하고 그냥 지나쳐 왔다. 3일 전에 지나온 산티야나 델 마르 *Santillana del Mar*에서도 제법 많이 벗어난 위치에 있어서 알았어도 다녀오기 쉽지 않았을 것이지만, 한 번 꼭 들러보라고 추천해 주신 선배님께 죄송한 마음이다. 오늘은 세야(Sella) 강 하구에 있는 항구 마을 리바데세야 *Ribadesella*까지 진행하게 될 것이다. 30km 거리로 간단치는 않은 일정일 것이고, 아홉 거점 마을을 지나게 된다.

어제 영국에 있는 친구에게 황급한(?) 전화가 왔다. 집사람이 한국 친정에 3주가량 다녀오기로 했으니 부인이 없을 때 빨리 와서 그 기간 같이 지내고, 그 이후에도 자신의 집을 거점 삼아 여행을 다니라는 것이다.

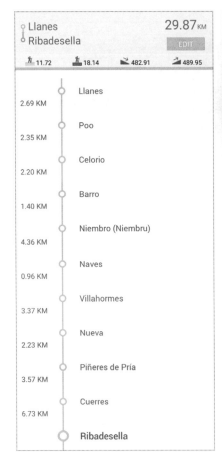

마치 부모님이 여행가셨을 때 친한 친구에게 놀러 오라고 하던 어릴 때 우리네 모습을 떠올리게 한다. 암튼 고마운 얘기이지만, 마음이 급해지면서 순례 여행을 여유롭게 즐기지 못할까 우려스럽다.

필자가 일어났을 때는 순례객들 모두가 이미 떠난 지 오래다. 영국에 하루라도 빨리 갈 생각에 마음은 급해짐에도 불구하고, 늦잠을 잔 데다가 아침을 챙겨 먹고 떠나려니 제일 늦게 나선 순례객보다 최소한 1시간 이상 늦은 10시가 되어서야 출발하게 된다.

야네스Llanes를 등진 후 푸Póo 마을을 지나 11시 10여 분에 4.5km 거리의 해안마을 셀로리오Celorio에 도착했는데 오기까지 풍경은 평범했다. 푸 마을을 지날 때 순례 옵션길인 해안길을 선택해 푸 해변(Playa de Póo)과 산 마르틴 해변(Playa San 마틴)을 거쳐서 왔다면 보다 멋진 조망을 누릴 수 있었을 것이지만, 다소 우회하는 긴 코스라서 보다 짧은 정코스로 왔기 때문이다.

MT 온 듯한 젊은 남녀들이 셀로리오 마을 카마라스 해변(Playa de las Camaras)에서 추억을 카메라에 담는 모습을 보며 20분가량의 휴식을 취한 후 다시 여정을 이어간다.

이윽고 13시를 막 넘어서는 시각 11.5km 조금 못 미친 지점, 산 안톨린 해변(Playa de San Antolín)이 내려다보이는 산 안톨린 전망대(Mirador de San Antolín)에 와있다. 오는 과정에서 방갈로우(Banga-low)나 캠핑 시설이 많은 바로*Barro* 마을과 이후 구릉지 사면에 있는 예쁜 마을 니엠브루*Niembru*를 지나 다시 구릉지 고개를 가파르게 넘어 내려 이곳 전망대에 이르게 된 것이다. 전망대에서 내려다보는 산 안톨린 해안(Playa de San Antolín)은 모래와 자잘한 돌가루들이 깔려있어 거친 자연미가 느껴지고, 모래해변이 끝나는 서쪽끝 암릉 자락 사이에 파도와 바람 풍파(風波)에 침식된 터널이 인상적이다. 하루 일정을 늘 필자 스타일대로 늦게 시작하고 늦게 마쳐왔지만, 같은 숙소에서 한참 일찍 출발한 순례객들을 의식해서인지 공연히 마음이 급해져 30분가량의 짧은 시간 점심과 휴

식을 마치고 갈 길을 서두르게 된다.

　이후 이내 지나게 되는 다섯 번째 거점 마을 나베스*Naves* 중심 광장 수돗가에서 물통에 물을 가득 채운다. 순례 길 중간중간에 급수 시설이 많기 때문에 숙소부터 무겁게 물통을 채워 나오지 않고 이렇게 필요할 때 채운다. 먼저 이 마을을 들어설 때 어느 저택 테라스에서 같은 커플룩 차림의 노부부가 같은 곳을 바라보며 점심을 즐기고 있는 모습을 접한다. 그 모습이 특별해 보여 급하게 카메라에 담으면서 사생활을 침해하는 것 같아 조심스러웠는데, 하필 시선이 마주치게 되어 멋쩍게 손을 흔들어 인사하니 상대 또한 너그럽게도 손을 흔들어 답례를 해준다. 역시나 정이 넘치는 부부답다는 생각이 들면서 노년의 삶을 어떻게 살아야 할지를 보여주는 단면처럼 느껴진다.

　연이어 있는 비야오르메스*Villahor-mes* 마을을 지나고 얕은 구릉지를 넘고 철길을 건너서 누에바*Nueva* 마을에 이른다. 이곳 어느 바에서 전날 까브랄레스(Cabrales) 치즈를 경험하게 해주었던 실비아 일행들을 우연히 만나 잠시 쉬어가는 시간을 갖는다. 와이파이가 되는 이곳 바에서 레몬 맥주 한 잔에 갈증을 해소하며 여행기를 정리해 업데이트하느라 그들과 얘기를 나눌 시간적 여유는 없다. 여행 중 그날그날 해야 하는 숙제를 틈틈이 해놓아야 늦은 시간 숙소에 도착해서 온전히 쉴 쉬간을 누릴 수 있기 때문이다.

일행 중 이탈리아 남성 로베르토(Roberto)는 우리 한국말로 "좋은 산티아고 순례길."이라는 말을 남기고 일행들과 먼저 떠나가고, 필자는 숙제 때문에 어울리지 못했음을 뒤늦게 양해를 구한다. 그는 전날도 필자가 식사할 때 "맛있게 드십시오."라고 한국말을 건넸던 친구이다. 요즘 구글 번역기가 있어 이렇게 적절한 관심을 표현할 수 있어 실로 국경 없는 세상임을 실감케 한다. 이제 17km 진행하였고, 13km 정도 남았다. 50분가량 휴식 겸 필요한 작업을 마치고 15시 40분경 서둘러 여행을 이어간다.

16시 20분경 피녜레스 데 프리아*Piñeres de Pría* 마을에 가까워지면서 목초지 한가운데를 지난다. 가까이 젖소들이 풀을 뜯고 있어 이들이 스트레스를 받지 않을까 조심스럽다. 암튼 자신의 목장 사유지에 순례길을 내어 준 목장 주인이 고마울 따름이다.

구릉지 사면 목초지를 올라서 카사 렉토랄 숙소(Albergue Casa Rectoral)를 마주하게 되는데, 이미 이곳에 체크인을 한 페르난도와 제임스가 마치 기다리고 있었던 것처럼 숙소 밖 마당에서 필자를 맞이해 준다. 필자가 가려는 리베데세야까지는 최소한 10km나 남았다며 이곳에 같이 머무르자고 청한다. 하지만 필자는 일반적으로 하루 일정을 늦게 시작하는 만큼 대개의 경우 19시나 20시까지 순례 여행을 진행하고 있어 숙소에 체크인하기에는 아직 이르다면서 부득이 사양해야 했다.

제임스도 페르난도와 필자처럼 당연히 북부 순례길 카미노 델 노르테 (Camino del Norte) 순례 여행을 지속할 걸로 알았는데, 그는 프리미티보 순례길(Camino Primitivo)로 순례 여행을 달리 할 예정이라고 한다. 내일 일정 중 비야비시오사*Villaviciosa*를 분기점으로 해서 카미노 델 노르테는 해안 구릉지로 계속 진행되는데 반해, 프리미티보 순례길은 그곳부터 내륙 쪽으로 방향을 바꿔 오비에도*Oviedo*와 루고*Lugo*를 거쳐서 산티아고 *Santiago*에 이르게 된다며 지도를 꺼내 확인시켜 준다. 산티아고 데 콤포스텔라*Santiago de Compostela*에서 다시 만날 수 있으면 좋겠다고 헤어지는데, 그가 사는 영국에서 만나게 될 여지도 남겨놓는다.

필자는 헤어지면서 배낭에 남은 음식 중에 또르띠야(Tortilla)와 우유쌀밥(Arroz con Leche)을 페르난도에게 전해주게 되고, 이에 고마움을 표하

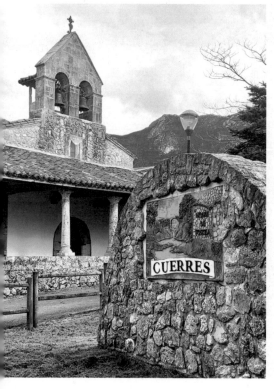

는 페르난도는 또다시 만나자고 한다. 하지만 여기서부터는 필자가 많이 앞서가게 되는 만큼 순례길에서 다시 만나게 되기는 쉽지 않을 것 같아 다소 아쉬움이 앞선다. 그럼에도 발걸음은 오히려 가볍다. 필자는 오히려 후반부에 힘을 더 내기 때문이다.

이어지는 순례 여행에서 쿠에레스*Cuerres*와 토리에요*Toriello* 등의 농가 마을을 힘들지 않게 지나는 과정에서 여러 차례 오레오 (Hórreo)를 만난다. 오레오는 3년

전인 2019년 봄에 산티아고 순례길 포르투갈 루트를 여행하며 경험한 바 있는데, 이는 스페인 전통 곡물 창고로, 이는 쥐들이 접근할 수 없는 구조로 설계되어 있다.

오레오는 마치 필로티 구조의 건축물처럼 4개의 기둥이 창고를 받치고 있고, 창고를 받치는 각각의 기둥 윗부분에는 둥근 판형의 돌이 있어 기둥을 타고 올라온 쥐들이 더 이상 오를 수 없게 하는 역할을 하는가 하면, 창고 벽면의 경우는 목재를 사용해 마치 버티컬 브라인드 같은 형태로 통풍이 잘 되게 함으로써 곡물이 썩지 않도록 해주는 등 아주 합리적이고 과학적인 방식으로 건축되어 있다. 이런 저장 방식이 토대가 되어선지 스페인에서 유통되는 마늘, 양파 같은 농산물들은 아주 야물딱진 모습이다.

이후 리바데세야까지 이어지는 구릉지길이 생각보다는 길게 느껴진다.

높은 구릉은 없었지만, 생각보다 오르내림이 여러 차례 반복되었기 때문이다. 그나마 그 과정에서 유칼립투스 산림과 그 앞에 펼쳐진 목초지에서 풀 뜯는 가축들 그리고 농지 뚝에서 연기 피워오르는 모습들을 만나는 게 마음의 위안거리이다. 뚝에서 불 피우기는 아마도 우리나라 정월 대보름 불놀이와 같은 이유에서 행할 것 같다.

지치지 않고 18시 50분 가까워지는 시각에 도시 규모의 멋진 어항으로 느껴지는 리바데세야에 이른다. 이곳에서는 다리 건너편 외진 곳에 있는 유스호스텔에서 잠자리를 구할 생각이지만 그 숙소 인근에는 슈퍼마켓이 없는 것 같다. 따라서 시내에서 미리 장을 보고 숙소로 가기 위해 슈퍼마켓(Supermercados Dia)으로 향하려는 무렵, 어느 승합차가 필자 옆을 지

나가며 숙소가 필요한지 묻고는 머뭇거리는 사이 그대로 지나쳐간다. 장을 본 후 항구 부두를 지날 무렵 어제 까브랄레스 치즈를 함께 나누었던 실비아 일행을 만난다. 아주 괜찮은 순례자 숙소를 가기 위해 숙소 픽업 차량을 기다리고 있다며 함께 가지 않겠냐고 묻는 것이다.

알고 보니 이곳에서 5~6km 거리의 취사가 가능한 순례자 숙소로, 필자 역시 검색으로 확인하고 마음에 들어했던 숙소이지만, 그곳까지 가기에는 무리가 있어 포기해야 했던 바로 그 숙소이다. 이윽고 기다리던 차량이 숙소로 일행 일부를 태워주고 돌아왔는데, 종전에 필자에게 호객행위를 하며 지나갔던 차량이었다.

이렇게 해서 뜻하지 않았던 산 에스테반 데 레체스 순례자 숙소(Albergue de Peregrinos de San Esteban de Leces)에 체크인하게 되고, 이곳에서 흥이 많고 기분파로 보이는 호스트의 차량 서비스 덕분에 또다시 인근 대형 마트에서 장을 봐 와서 야외 그릴에 장작불로 고기를 굽고 그가 직접 빚었다는 시드라(Sidra, 사과로 빚은 스페인 전통 발효주)와 크림 리큐르(Licor de Crema)도 맛보는 등의 특별한 호사를 누리면서 잊지 못할 순례 여행의 부록을 남기게 된다.

이날 숙소에서 함께하게 된 순례객들은 야네스 숙소에서 처음 알게 된 이탈리아에서 온 로베르토, 우루과이에서 온 마틴 이스퍼(Martin Isper)와 페데리코 이스퍼(Federico Isper) 형제, 바르셀로나에서 온 슬라노니아노(Xlnanoniano) 이외에 이미 알고 있던 이탈리아에서 온 실비아 그리고 이름조차 알고 싶지도 않은 또 다른 이탈리아 중년 남성 등이다. 마지막에 언급한 남성은 영어를 전혀 못 할 뿐만 아니라 이전에 두 차례 숙소에서 만날 때마다 필자에게 코를 심하게 곤다며 다른 룸메이트와 달리 거칠게 불만을 표했던 상대였다. 다른 순례 여행객들과는 앞으로 어떤 추억을 공유하게 될지 희망적인 기대를 갖게 되지만, 이 상대 경우에는 오늘 밤 수면 중에 발생될 수도 있는 마찰을 걱정해야 한다.

맵핑 경로

Llanes ~ Ribadesella	
Day 18	30.22km
누적 거리	454.22km

Day 19.

2022. 03. 23.

Ribadesella ~ Priesca

만남이 반복되는 순례 여행객들과 동행을 하며

인터내셔널 패밀리를 이루다

오늘 역시 어제와 비슷하게 기착지 프리에스카*Priesca*까지는 거점 마을 8곳을 지나야 하는 29km가량을 소화해야 하는 일정으로, 이곳 산 에스테반 데 레체스*San Esteban de Leces*에서 리바데세야*Ribadesella*로 돌아가 시작해야 한다.

하지만 리바데세야에서 이곳까지 픽업 차량으로 이동해 온 실비아 등 나머지 순례객들은 여기서부터 바로 이어간다고 한다. 실비아 일행 중 우루과이에서 온 친구들은 카미노 델 노르테(Camino del Norte) 순례 여행도 시작 지점인 이룬*Irun*이 아닌 산 세바스티안*San Sebastian*에서부터 시작했다고 하고, 다음 주 토요일 자국으로 돌아가기 때문에 이번에는 산티아고까지 마무리 짓지 못하고 나머지 구간은 아마도 내년에 다시 찾아와 할 것 같다고 한다. 남미에서 와서 하는 게 쉽지는 않을 터인데, 두 차례 나눠서라도 산티아고 순례길을 마치겠다는 열정이 대단하지 않을 수 없다.

필자가 굳이 리바데세야로 돌아가는 이유는 무엇을 경험하더라도 제대로 해야 하다는 게 필자의 원칙이기 때문이다. 백두대간을 혼자 진행할 때도 비탐방 구간까지 단속을 무릅쓰고 모두 소화해냈다. 단속에 걸려 치르게 된 벌금 또한 필자가 누린 만큼 지불해야 할 당연한 비용이었다고 기꺼운 마음으로 납부한 바 있다.

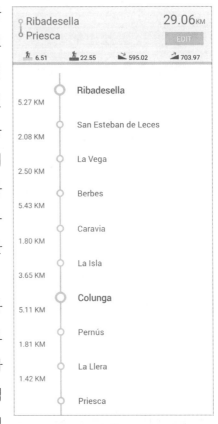

그렇다고 필자가 결코 형식주의자는 아니다. 형식보다는 늘 내용을 보다 중시한다. 그럼에도 필자가 좋아하는 트레킹에 있어서만큼은 형식과 내용 모두를 중시한다. 게다가 필자 트레킹 트레일을 기록해 주는 트랭글 앱은 때론 필자를 감시 감독해 주는 워치독(Watchdog)이기도 하다.

암튼 알사(Alsa) 버스로 요금 1.55 유로를 지불하고 10분 만에 도착한

리바데세야에서 9시 50분경 이날 순례 일정을 시작한다. 이미 무더운 날씨를 예고하듯 햇빛이 강렬하다. 바스크 지방을 벗어난 이후 줄곧 화창한

날씨가 지속되어 언젠가부터 반팔티 하나만 입고 순례 여행을 해왔다. 오늘 역시 출발할 때부터 반팔로 시작하고 쉴 때 역시 반팔 차림 그대로일 것이다. 몇 겹의 옷을 껴입고 이룬을 떠나올 때와 달리 계절의 변화를 빠르게 실감하고 있다.

오늘 일정을 시작하는 리바데세야는 어제 얼핏 본 것과 달리 어항보다는 마리나(Marina)항에 가까워 보인다. 어선보다 고급 요트들이 즐비해 보이기 때문이다. 세야(Sella) 강 다리를 건너서는 바다 쪽 구릉과 내륙 쪽 구릉 사이 골 따라 있는 도로를 통해 리바데세야를 벗어나게 되면서 서서히 구릉지를 올라 전날 인상적인 밤을 보냈던 산 에스테반 데 레세스(San Esteban de Leces) 숙소 인근 마을 공동 빨래터(Lavadero, 라바데로)에 다다른다. 이곳까지 1시간가량 소요되었고, 거리는 4.8km 정도이다.

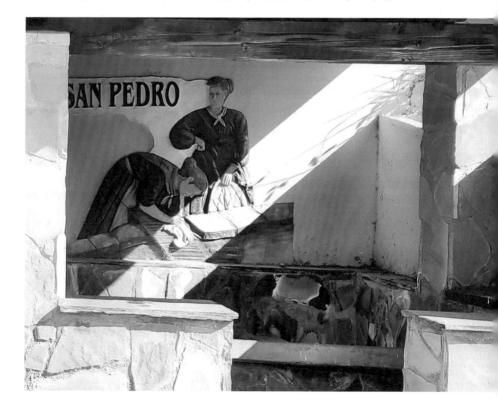

리바데세야를 벗어나는 과정에 구릉지 산림에서 유칼립투스 목재 채취하는 모습을 유심히 지켜봤는데, 두 대의 중장비 차량이 벌목 역할을 완벽히 해내는 모습이 신기했다. 한 대는 기계손을 이용하여 나무 밑동을 베고 가지를 위아래로 훑어 제거하는 역할을 하고, 또 다른 차량은 이를 차량

적재함 길이에 맞게 토막토막을 내어 차곡차곡 차에 싣는 것이었다. 이를 통해 스페인의 임업과 목재업이 꽤나 발달해 있음을 추정해 볼 수 있는데, 이런 유칼립투스 목재가 단지 건축자재 용도로만 사용되는지 그외 의약 성분 추출 등 다른 용도로도 사용되는지는 차차 확인해 봐야겠다.

라바데로에서 쉬고 있는 동안 다시 만나기 쉽지 않을 것으로 짐작되었던 페르난도와 제임스를 만나게 된다. 그들은 적어도 이미 12km를 진행한 것으로 계산된다. 이후 베가*Vega*에서 다시 만났을 때 물어보니 7시 30분에 시작했다고 한다. 그들은 필자와 달리 새벽형 인간들이 분명하다. 오전에 이미 반 이상의 거리를 소화한 것으로, 그들은 오늘 역시 이른 시각에 이날 일정을 마치고 휴식에 들어갈 것이다. 앞으로 10km 정도 거리의 라 이슬라*La Isla*에 있는 순례자 숙소에 머물 것이라고 하니 말이다.

이렇듯 그들은 순례 여행의 아주 모범적인 전형을 보여주고 있다고 하겠

다. 하지만 라 이슬라에서 같이 쉬자는 그들의 제안에 대해서는 또다시 거절해야 했다. 그들에게는 이미 충분한 거리일 수 있지만 필자에게는 17km 정도로 짧은 거리이기에 더 가야 한다고 양해를 구했던 것이다.

해안을 마주하고 있는 베가 마을을 내려가 해안에 이르고는 바로 V형 예각으로 방향을 꺾어서 구릉지를 오르고 넘게 되어 베르베스*Berbes* 마을을 지나게 된다. 이후 1km가량을 갓길 없는 국도를 따라 걷다가 해안 방향 구릉지 유칼립투스 수목림 사이길을 지나서 해안 전망 쉼터에 이르게 되고는 모리스 아레날 해변(Playa Arenal de Morís)을 조망하며 점심 식사와 휴식을 위한 시간을 갖게 된다. 거리는 12km 정도이고, 20여 분 재충전 후 심기일전 재출발하게 된 시각은 13시 40분 정도이다.

제주도 올레길 같은 해안 벼랑길을 걸어 라 에스파사 해변 (Playa de La Espasa)을 지날 무렵 어느 레스토랑바에서 빵빠레 같은 환호성이 터져 나온다. 반사적으로 고개를 돌려보니 모두 필자를 향해 손을 흔들며 환영해 맞이해 주는 것이다. 독일 여성 도리스의 모두가 필자가 지나기를 기다리고 있었다는 설명에 이어 그곳의 다른 카미노 동지들이 맥주와 아이스크림을 가져다주며 필자를 따뜻하게 맞이해 준 것이다. 필자가 전날 숙소에서 아이스크림을 하나씩 돌린 것에 대한 답례같기도 한데, 암튼 필자에게 큰 활력을 불어넣어 주는 응원이 아닐 수 없다. 참고로 도리스는 라레도와*Laredo* 게메스*Güemes*에서 같은 숙소에 머물렀던 숙소 메이트이다.

당일 일정을 시작한 출발지는 피녜레스*Piñeres*, 리바데세야, 산 에스테반 데 레체스 등 개인이나 팀에 따라 다소 차이가 있지만 이렇게 중간에서 다시 만나기도 하는 것이 순례 여행에서 자주 있는 상례이다. 이제 15.5km를 왔고, 앞으로 얼마나 더 가게 될지 모르겠다. 예정대로라면 온 만큼 더 가야겠지만, 먼저 출발한 카미노 친구들에 뒤이어 다시 재출발하려는 시각은 이미 15시 10분가량이다.

이후 국도를 따라 걸으며 지나온 해변 마을이 멀어질 무렵 엘 바리곤El Barrigón과 라 이슬라 마을들을 지난다. 구릉지로 들어서서 부에뇨Bueño 마을을 지나게 되고는 여섯 번째 포스트 마을 콜룽가Colunga에 이르게 되는데, 도시 수준의 규모이다. 이미 콜룽가에 도착해 장보고 있던 실비아 일행들과 합류하여 같은 순례자 숙소에 머물기로 하고, 장 본 것을 분담해 배낭에 챙겨서는 이들과 동행한다.

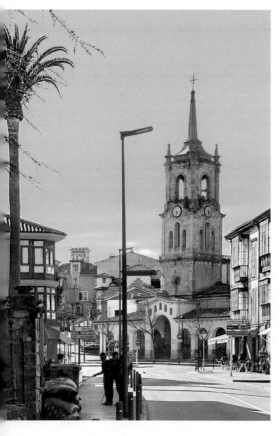

콜룽가를 지나면서는 내륙 구릉지로 향하며 구비구비 한없이 업힐을 하며 코뉴Conyéu를 지날 무렵 일행들로부터 많이 뒤쳐진다. 일행들이 시야에서 사라진 이후 벨드레도Beldredo를 우회하여 내리막 지점 작은 기도실(Capilla de Nuestra Senora del Carmen, 카르멘 성모 예배당)이 있는 곳에서 긴 호흡으로 재충전의 시간을 통해 잔여 힘을 짜내본다.

17시 50분을 넘어섰고 아직 26km도 채 안 된 지점으로, 확실히 전날보다는 페이스가 확연히 떨어진 듯하다. 이후 자신의 인내력을 시험하듯 정신력으로 일곱 번째 거점 마을 페르누스Pernús에 이르게 되고, 또다시 구릉 마루에 있는 오늘 마지막 거점 마을 라 예라La Llera 정점까지 올라서게 되는데, 이 과정에서 유난히 스페인의 곡물 저장 창고 오레오

(Hórreo)를 많이 만났다. 어느덧 친근해진 오레오는 이미 앞에서 언급한 것처럼 이곳 농부들의 지혜를 엿볼 수 있게 해주는 구조물이라 하겠다.

어느덧 순례길 동지들 덕분에 함께 머물기로 한 프리에스카 마을의 숙소(Albergue La Rectoral de Priesca)에 이르러 오늘 일정을 마무리하게 되는데, 거의 30km 되는 지점으로 19시가 거의 되어 가는 시각이다.

이날 저녁은 오늘의 주방장 역할을 자임한 바르셀로나에서 온 슬라노니아노가 만든 수프로 대신하게 되는데, 이는 양배추를 비롯한 각종 야채에 스페인 전통 소시지 초리소(Chorizo)를 넣고 파스타 소스와 물을 붓고 끓여 만든 수프다. 속을 따뜻하게 풀어주는 해장국 같은 느낌이다. 세탁도 여럿이 세탁물을 모아 한 번에 돌려 해결한다. 당연히 인원 수만큼 세탁 비용과 시간이 절감된다 하겠다. 같은 숙소에서 함께 먹고 자기를 반복하면서 누군가의 얘기처럼 자연스럽게 인터내셔널 패밀리가 되어 가고 있는 것 같다.

맵핑 경로

Ribadesella ~ Priesca	
Day 19	29.67km
누적 거리	483.89km

오늘 거리는 대략 31km 남짓이다. 이날 카미노 델 노르테 (Camino del Norte)와 카미노 프리미티보(Camino Primitivo) 순례길의 분기점이 되는 도시 비야비시오사*Villaviciosa*를 포함해 8개 거점 마을을 지나게 될 것이다.

전날 유난히 많이 볼 수 있었던 곡물 저장 창고 오레오(Hórreo)에 대해 설명하자면, 크고 작은 다양한 모습으로 개인 농가주택 안뜰 또는 마을 공동구역에 지어져 있다. 오레오는 일반적으로 네 개의

다리가 받치고 있는 2층 형태의 창고로, 1층은 다리로만 받치어져 있는 빈 공간이다. 다양한 형태의 오레오 공통점은 쥐의 침입이 불가능하고 통풍이 잘 되도록 설계되어 있다는 점이다.

대체로 창고로 오르내림이 가능하도록 창고에는 계단이 설치되어 있으나 창고와는 붙어있지 않다. 쥐가 계단을 통해 접근할 수 없을 간격으로 떨어뜨려 놓은 것이다. 게다가 창고를 받치는 다리 상단에는 둥그렇거나 사각의 넓은 판석을 얹어놓아 쥐들이 다리를 기어올라 창고에 진입하는 것이 원천적으로 불가능하도록 설계되어 있다. 스페인 농부들의 지혜를 엿보게 하는 흥미로운 모습들이 아닐 수 없다.

또한 지붕이 있는 마을의 공동 빨래터 역시 아직까지는 빈번히 만나지는 못했지만 이 또한 정겨운 모습이다. 암튼 앞으로 여러 형태의 공동 빨래터를 종종 만나게 될 것으로 기대된다. 이처럼 여행을 통해 우리와 다른 현지 생활상을 접하게 되는 경험은 여행의 또 다른 흥밋거리라고 할 것이다.

구글 음성 번역기를 이용해 "좋은 아침이에요", "좋은 하루 보내세요." 라고 한국말로 인사말을 전하는 순례길 동지들의 친근함 덕분에 오늘 순례길 또한 몸은 힘들어도 마음만은 힘들지 않을 것으로 믿어진다. 오늘도 인터내셔널 패밀리라고 이름 지어진 필자를 포함한 이탈리아·스페인·우루과이 순례객들이 함께 순례 여행을 시작한다. 서로의 페이스가 비슷해

별로 힘들지 않게 거점 마을 세브라요*Sebrayo*, 토르논*Tornón*, 카르다*Carda* 등을 거쳐서 약 9km 거리의 비야비시오사*Villaviciosa*에 이르게 되는데, 출발한 지 불과 2시간 정도 소요된 11시 45분경이다.

이곳에서 페르난도를 우연찮게 또다시 만난다. 그와 전혀 예상치 못한 만남을 거듭하고 있는데, 이 친구를 만나면 유난히 유쾌하다. 늘 해맑아 보이기 때문이다. 그는 우리보다 12km가량 뒤쳐진 라 이슬라*La Isla*에서 무려 21km 거리를 이미 진행해 온 것이다. 동행하던 제임스보다 먼저 이른 새벽에 떠나왔다고 하는데, 부모님을 대신해 이곳에서 변호사를 만나야 할 일이 있기 때문이란다. 암튼 신출귀몰한 홍길동 같은 친구가 아닐 수 없다.

이후 일행들과 1시간가량 이곳에 머물며 송아지 고기인 빌(Veal) 샌드위치로 점심을 대신한다. 양이 너무 많아 남긴 반은 테이크 아웃을 하게 되는데, 뒤에 처져있던 실비아가 뒤늦게 합류하여 보다 길어진 브레이크 타임 이후에나 순례 여행을 이어가게 된다.

14시 20분경 비야비시오사 외곽을 벗어날 무렵 히혼*Gijón*과 오비에도*Oviedo* 갈림길을 만나게 된다. 바로 이 지점이 카미노 델 노르테(Camino del Norte)와 카미노 프리미티보(Camino Primitivo)의 분기점인 것이다. 정신과 남성 간호사인 영국인 제임스는 우리와 달리 이곳에서 오비에도로 향하게  될 것이지만, 그럼에도 종국에는 우리와 같은 산티아고*Santiago*에 이르게 된다.

이후 유채꽃이 흐드러지게 핀 들판을 지나서는 해발 110m여까지 서서히 고도를 높여서 니에바레스*Niévares*를 지난 이후 급격히 고도를 높이는데 끝없이 올라간다. 경사도 10°를 넘어 16~17°에 이를 정도로 급한 경사가 지속된다. 이런 힘든 급경사일수록 빨리 끝내고 싶은 마음에 발걸음을 힘차게 내딛기를 반복하며 헉헉거리되 한결같은 호흡을 유지하려 노력한다.

결과적으로 지속 가능한 걸음과 호흡으로 해발 100m인 18.4km 지점에서부터 해발 440m인 21km 지점 고개마루까지 일정한 페이스를 유지하면서 오르게 된 것이다. 마치 한국에서 온 늙은이가 순례객 일행들 모두를 자연스럽게 이끈 모양새로 보였을 수도 있었을 것이다.

제법 떨어져 뒤따라 온 일행들이 모두 놀라워한다. 짧은 거리도 아니고 2.6km나 되는 급한 오르막길에서 시종 일행을 견인하듯 선도하였으니 말이다. 8~9부 정도에서 잠시 기다려주며 숨 돌릴 기회를 주고는 이끌었지만, 일행들은 필자의 페이스를 따르느라 필자보다 더 지친 기색이 역력해 보였다. 그도 그럴 것이 전날 콜룽가*Colunga*에서 이들과 합류한 이후 숙소까지 가는 과정에서는 필자가 이들에게 한참 뒤떨어졌었기 때문이다. 어제는 분명 여느 날들과 달리 필자의 컨디션이 유난히 난조를 보였던 이례적인 날이었다고 할 수 있다.

 마침내 다다른 고개 마루에는 그 어느 곳에서보다 유칼립투스의 멘솔 향기가 유난히 짙다. 바르셀로나에서 온 슬라노니아노가 톱밥처럼 분쇄되어 쌓여있는 유칼립투스 무더기에서 풍기는 내음이라고 설명해 준다.

 나아가 스페인에 유칼립투스 산림이 유난히 많은 이유를 그를 통해서 알게 된다. 200년 전경에 호주로부터 이식되었다고 하는데, 목재는 가구용으로 사용되고, 목피와 잔가지 그리고 잎은 분쇄되어서 제지용으로 쓰이며 그 열매에서는 의약 성분들이 추출될 정도로 버릴 것이 없는 유칼립투스는 성장마저 아주 빨라서 경제성이 탁월하기 때문이라고 한다. 이런 유칼립투스의 특성으로 인해 스페인 북부 구릉지에는 광범위하게 조림되고 벌목되기를 반복하고 있는 듯하다.

유칼립투스에 관심이 많아 보이는 필자에게 슬라노니아노와 우루과이에서 온 페데리코가 유칼립투스 열매를 주워서 필자에게 전해주면서 이를 분쇄하면 엄청 진한 향기가 난다면서 일부러 깨뜨리려고 하는 걸 그대로 보관하고 싶다고 막았다.

이후 페온Peón 마을 중심을 지나 외곽에 있는 카사 페피토(Casa Pepito) 레스토랑바에 이르게 되는데 이때 시각이 17시 10여 분경이고, 25km 거리가 채 안 되는 지점이다. 하지만 알고 보니 함께하는 일행들이 오늘 일정을 마무리짓기로 한 곳이란다. 필자의 욕심 같아서는 캠핑 데바(Camping Deva)까지 6km 남짓 거리를 더 진행하고 싶지만, 이들과 시간을 함께하기

위하여 발걸음을 멈추기로 한다. 우리가 머물게 될 숙소는 카피온Capion 마을에 있는 순례자 숙소 알베르게 페온(Albergue Peón)으로 순례길에서 10km가량 벗어나 있지만 숙소에서 픽업을 해준다고 한다.

이렇게 픽업 서비스를 받아 도착한 숙소는 그 자체도 멋스럽고 훌륭하다. 숙박료는 아침 식사를 포함해서 15유로이며, 저녁은 따끈한 수프에 포크 스테이크, 달걀 후라이, 샐러드 그리고 또띠야(Tortilla)까지 해서 10유로로 총 25유로에 불과하다. 음식의 질로 봤을 때 가성비 역시 뛰어나

다. 참고로 몽블랑이나 돌로미테 트레킹하며 이용하게 되는 산장의 경우는 석식과 조식을 포함하여 숙박비가 대략 50~60유로 정도이다.

우루과이에서 온 마틴과 페데리코 형제는 오늘을 끝으로 내일 본국으로 돌아가야 한다고 한다. 동생인 마틴은 중환자실 의사이고, 형인 페데리코는 엔지니어라고 한다. 형제 모두 착하고 정이 들었는데 아쉽게 되었다. 바르셀로나에서 온 슬라노니아노는 그래픽 디자이너인데 역시 다시 일을 하러 돌아가야 한다고 한다. 매년 1주일가량 순례길을 끊어서 하는데, 프랑스 순례길 카미노 프랑세즈(Camino Francés)와 영국 순례길 카미노 잉글레즈(Camino Inglés) 등을 끝냈고, 이번 카미노 델 노르테(Camino del Norte)가 세 번째라고 한다.

내일부터는 이탈리아 베네치아*Venezia* 인근에서 각기 따로 온 실비아와 로베르토 그리고 필자 세 명만 남아서 산티아고 순례 여행을 이어 나가게 될 것이다. 아무래도 각자 체력이 뒷받침해 주는 페이스대로 진행해야 하기 때문에 지속적으로 동행하게 될지는 미지수이다.

오늘 마지막 만찬에서 인터내셔널 패밀리에 걸맞게 우리 말로 '가족같이'를 건배사로 함께 외치며 함께해 온 인연을 자축하기도 한 만큼 잠시나마 함께했던 그들이 특별하게 기억될 것이고, 아마 이들 중에는 제3의 장소에서 다시 만나게 될 동지들도 있지 않을까 싶다. 어차피 필자의 삶은 여행으로 점철될 삶일 것이기 때문이다.

맵핑 경로	
Priesca ~ Peón	
Day 20	25.05km
누적 거리	508.94km

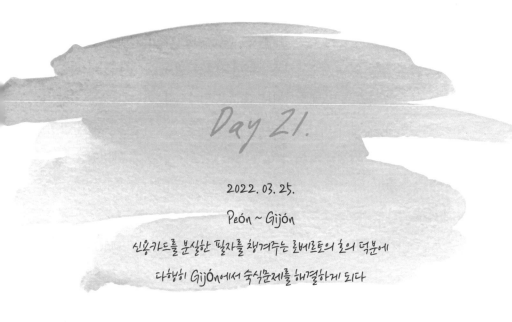

Day 21.

2022. 03. 25.

Peón ~ Gijón

신용카드를 분실한 필자를 챙겨주는 로베르토의 호의 덕분에

다행히 Gijón에서 숙식문제를 해결하게 되다

　　어제를 끝으로 순례 여행을 마친 마틴과 페데리코 형제와 슬라노니아노 그 외, 실비아까지 숙소에서 제공해 주는 차편으로 히혼*Gijón*으로 먼저 떠났다. 그들은 우리가 인터내셔널 패밀리이니 언제고 다시 만나자는 말을 남기고 떠나간 것이다.

이제 로베르토와 필자만 남았다. 그는 오늘 히혼까지만 간다고 하고, 그 이후는 숙소 사정이 좋지 않은 듯하다. 40km 거리의 아빌레스*Avilés*까지는 마땅한 숙소가 없고 히혼까지는 15km 전후로 많이 짧다. 이처럼 히혼까지는 다소 싱겁고, 아빌레스까지는 다소 부담스럽다. 따라서 오늘 일정이 불확실하지만, 먼저 떠난 실비아가 어젯밤에 히혼에서 로베르토와 셋이 같이 머무르지 않겠냐고 물어서 생각해 보겠다는 정도로 얘기했던 만큼 오늘은 실비아와 합류하게 될 아스투리아 지방의 주도인 히혼까지만 진행하게 되지 않을까 싶다.

오늘은 비가 예정된 듯 하늘이 잔뜩 찌푸려 있어 바스크(Basque) 지방을 지나온 뒤 처음으로 비가 내릴 것 같은 분위기이다. 카피온*Capion* 숙소 차량을 이용하여 순례길인 페온*Peón*으로 이동하여 그곳에서 순례 여행을 이어가게 되는데, 이때 시각이 08시 30분가량이다. 마을을 채 벗어나기 전에 먼저 출발한 몇 팀의 순례객들이 시야에 들어온다. 로베르토가 잘 따라올 수 있도록 뒤따라오는 그를 힐끔힐끔 돌아보며 견인하듯 동행한다. 다행히 그가 잘 따라와 줘서 히혼으로 넘어가는 고개를 넘기도 전에 이미 앞서가던 순례객들을 멀찌감치 따돌리게 된다. 그 과정에서 작은 성소 느낌의 오라토리오(Oratorio) 같은 구조물을 지나왔는데, 그곳에는 아스투리아스(Asturias) 지방의 공식 깃발이 세워져 있고, 가리비 조개껍질이 곳곳에 장식되어 있었다.

쉬고 싶을 때는 언제라도 얘기하라고 하니까 로베르토는 히혼까지는 문제 없다고 하면서 덧붙이기를 실비아가 먼저 떠난 것도 그녀가 이미 많이 지쳐있어 차로 히혼까지 먼저 이동한 것이라고 한다. 그녀는 산탄데르*Santander*를 경유할 때도 그곳에서 이틀 휴식을 취하고 다음 행선지까지는 대중교통으로 이동한 바 있었고, 우루과이에서 온 친구들은 나머지 구간들을 내년에 다시 와서 마치게 될 것이라고 하고, 바르셀로나에서 온 친구는 틈틈히 휴가를 내서 1주일씩 부분적으로 순례 여행을 이어간다고 한다. 이처럼 산티아고 순례 여행은 각자 상황에 따라서 탄력적으로 진행해 나갈 수 있는 것이다.

데바*Deva*를 지날 때, 높은 첨탑이 인상적인 웅장한 건축물이 멀잖은 곳에 자리잡고 있다. 나중에 확인해 보니 히혼 노동자 대학(Universidad Laboral de Gijón)이다. 유니베르시다드 라보랄(Universidad Laboral)은 20세기 후반기 한때 운영되었던 노동자 자녀를 대상으로 한 스페인 교육기관이었는데, 주요 도시에 설립되어 50만 명 정도의 대학생을 배출시켰다고 한다.

로베르토는 데바를 벗어날 무렵 마을 거리에 있는 어느 나무를 가르키며 무엇인지 아느냐고 물어본다. 가만히 살펴보니 나무에 기생하여 사는

겨우살이가 눈에 띈다. 따라서 겨우살이가 이탈리아어로 비스키오(Vischio)임을 구글 번역기로 확인하여 답해 준다. 이에 덧붙여 한국에서는 여기와 달리 높고 깊은 산중에서나 발견되는 귀한 기생식물로, 항암 성분이 있어 일부 한국인은 이를 끓여서 차로 마시는 것을 즐긴다. 필자 역시 프랑스 자전거 여행 중 목에 염증이 생겼을 때 여행 중에 채취한 이를 끓여 마신 후 바로 효과를 봤다는 경험담까지 들려주었다. 새똥을 먹고 자라는 기생식물 정도로 어설프게 알고 있는 듯 보였던 그가 오히려 필자의 답변을 통해 겨우살이 가치를 새롭게 깨닫게 된 눈치이다.

그는 언제 우리나라를 방문해 대한민국의 트레킹 명소를 경험해 보고 싶은 듯 한국의 산이나 한국의 기후, 계절적 특징 등에 대해 이것저것 물어보는가 하면, 검색을 통해 한국 트레킹 명소 5곳을 찾아낸다. 제주 올레길, 북한산, 설악산, 지리산, 덕유산 등이 소개되어 있는 그가 검색한 사이트를 확인해보니 '세계를 산책하다(A Piedi per il mondo, https://www.apiediperilmondo.com/migliori-5-trekking-korea-del-sud/)'이다. 일반적으로 연중 휴가를 사용한다는 10월이나 11월 언젠가 우리나라를 방문해 필자와 함께 트레킹을 할 수 있지 않을까 하는 기대를 갖게 한다.

오늘은 힘이 넘친다. 이제 카미노 델 노르테(Camino del Norte)를 반 이상 소화한 듯한데, 이미 적잖은 어려움을 딛고 보다 단단해진 것 같다. 11시 20분에 이미 히혼에 다다른 것이다. 불과 3시간이 못 미친 시간에 15km 정도를 거뜬히 소화해낸 것이다.

　히혼은 아스투리아스 지방에서 가장 큰 항구도시이고, 필레스(Piles) 강 하구의 푸른 공원을 지나서 산 로렌조 해변(Playa de San Lorenzo)을 시작으로 요트가 가득 정선되어 있는 히혼 마리나(Puerto Deportivo de Gijón) 그리고 부채꼴 모습의 금빛 모래의 포이엔테 해변(Playa de Poiente) 등으

로 해안선이 아름답게 이어지는 휴양도시인데, 히혼 마리나항 일대에는 시청사와 의미 있는 동상과 조형물들이 자리하고 있다.

이 중 렉스 펠라기우스(Rex Pelagius) 동상을 간과할 수 없다. 그는 서고트족 귀족 출신으로 718년 아스투리아스 왕국을 건국했다. 따라서 이후 아스투리아스 왕국에서 갈라진 레온, 카스티야, 아라곤, 갈리시아, 포르투갈 왕국 등의 조상이기도 하고, 711년 이베리아 반도를 점령한 이슬람 무어인을 축출하기 위한 레콩키스타(Recoquista) 국토 회복 운동을 최초로 시작한 군주이기도 한 역사적인 인물이기 때문이다. 참고로 렉스 펠라기우스 군주에 의해 시작된 레콩키스타 운동은 1492년 그라나다Granada에 잔존한 이슬람 세력을 북아프리카로 밀어낸 이사벨 여왕에 의해 무려 781년 만에 완성된다.

그리고 빼놓을 수 없는 또 다른 조형물 아볼라 데 라 시드라(Abola de la Sidra)가 있다. 이는 술병으로 쌓아올린 탑 모양의 조형물로 '아볼라 데 라 시드라'를 그대로 해석하면 '시드라 나무(Sidra Tree)'인데, 시드라(Sidra)는 아스투리아스 지방을 대표하는 전통 사과 발효주인 것이다.

호사다마일까, 이곳에서 이미 익숙해진 이 지방 전통 치즈 카브랄레스(Cabrales)를 사기 위해 치즈 전문점에 들른 이후 갑자기 문제가 생긴다. 맥주

한 잔을 위해 로베르토와 함께 들른 바에서 계산을 하려고 보니 카드가 없는 것이다. 카드는 BNP PARIBAS 체크카드로, 다른 국내 카드는 분실한 지 이미 오래인지라 필자에게 남은 유일한 카드이기 때문에 분실하면 다소 심각

한 상황에 처하게 된다. 치즈를 구입하면서 결제한 이후 어디에선가 흘린 것 같다. 가까운 거리라 온 길을 몇 번씩이나 훑어봐도 되찾을 수가 없어 결국 BNP PARIBAS 앱에 들어가서 분실 신고를 해야 했다. 적잖은 불편함이 초래될 것이 걱정되지만, 로베르토는 필자의 문제가 곧 자신의 문제이기도 하

다면서 걱정하지 말라고 한다.

이탈리아에서 요리사인 그는 순례 여행을 하면서 레스토랑을 찾게 될 때면 그 마을 고유의 음식만을 취급하는 전통 음식점을 찾는다고 한다.

히혼에서도 풀포(Pulpo, 문어) 전문 식당을 찾아내어 함께 가게 된다. 200년이나 된 곳으로, 여행자보다 중·장년 원주민들이 주로 애용하는 선술집 분위기의 전통 레스토랑 바라고 한다. 우리가 찾아간 문어 전문 레스토랑 에스트레야 갈리

시아 풀페리아(Estrella Galicia Pulperia)는 인심도 후하여 타파스(Tapas)의 또 다른 이름이라고 할 수 있는 핀쵸스(Pinchos)를 계속 서비스로 제공한다.

풀포 이외에도 고추를 튀긴 피미엔토스 델 파드론(Pimientos del Padron)도 훌륭하다. 문어 요리와 궁합이 잘 맞기 때문이다. 한 접시 고추튀김 중 오직 한 개만 매운 것이 있다고 한다. 음식을 먹는 데도 흥미로운 요소를 심어놓은 듯하여 재미있다. 얘기를 더 들어보니 로베르토의 약혼녀가 스페인 출신의 전문 요리사로, 스페인 각 지방 전통 음식점에 대한

정보를 수시로 자신에게 알려주고 있다고 한다. 식사 후 에스프레소에 증류주인 오루호(Orujo)를 더한 특별한 커피도 나온다. 참고로 오루호는 와인 양조 과정에서 발효 이후 착즙하여 걸러진 껍질과 찌꺼기를 증류하여 만들어지는데, 이에 에스프레소를 첨가한 것을 오루호 데 *끄레마*(Orujo de Crema)라고 한다.

로베르토가 예약해 놓은 숙소가 레스토랑에서 지근거리에 있어 오늘 일정은 다소 싱겁게 끝나버렸지만, 이후 합류한 실비아와 함께 또다시 특별한 저녁식사를 경험하게 된다. 이는 감사하게도 신용카드를 분실한 필자에게 순례 여행을 마치는 데 필요한 자금을 로베르토가 융통해 주었기에, 점심을 대접받은 것에 대한 답례로 필자가 한턱을 내는 모양새를 낼 수 있었고, 빌린 돈 역시 바로 해외 송금 형태로 갚을 수 있어서 카드를 분실한 해프닝이 비교적 산뜻하게 정리된다.

맵핑 경로

Peón ~ Gijón	
Day 21	17.61km
누적 거리	526.55km

동행하는 로베르토 배려 덕분에 여행 자금도 융통받고
다양한 스페인 음식들도 경험하게 되는 행운을 누리다

전날 카드 분실로 초래될 문제는 다행히 동행하는 로베르토
에게 남은 순례길 여행에 필요한 경비를 지원받게 되어 해결되었다.

전날 저녁은 점심때 먹은 삶은
문어 요리 대신에 구운 문어 요
리로 했고, 정어리 튀김과 파타타
스 알리올리 갈렌가(Patatas Alioli
Gallenga)도 곁들였다. 파타타스
알리올리 갈렌가는 한국 음식보다
더 한국적인 느낌이 들 정도로 마
늘이 듬뿍 함유된 으깬 감자 요리

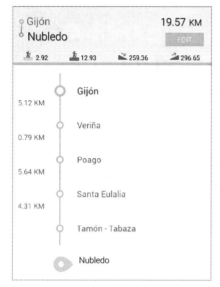

로, 한국 음식을 그리워할 필요 없게 해주었다.

그리고 반주로 나눈 하우스 와인 (Le Vino de la Casa)은 세라믹 잔에 담겨 나와 화이트 와인의 경우는 사발에 담긴 막걸리와 크게 달라 보이지 않았다. 이에 스페인 고유 증류주 오루호(Orujo)가 더해졌는데 아마 필자가 주당이었다면 오루호 화끈한 술맛에 반했을 것 같다.

순례 여행을 이어갈 수 있게 해준 로베르토는 설악산과 지리산 종주에 대해 관심이 많아 그곳 산장 정보를 확인하려고 애쓰길래 유럽의 산장들은 일반 숙소 검색 앱에서 예약이 가능한 반면에 한국에서는 국립공원 관리공단 사이트에서만 대피소 예약이 가능하다고 설명해 주었다. 아무래도 올 가을에는 한국에 머물며 그의 방문을 맞이해야 할 상황이 전개될지도 모르겠다.

오늘은 히혼Gijón에서 대략 20km 거리의 누블레도Nubledo 역 인근에 있는 숙소를 잡아놓아 다소 여유로운 일정이 예상된다. 어제는 카드를 분실한 탓에 로베르토가 숙박비를 지불하였기에 오늘 숙박비는 필자가 부담하기 위해 스마트폰에 있는 앱카드로 예약 결제를 해놓았다. 오늘 순례 여행은 10시 거의 다 된 시각에 체크아웃하여 히혼을 벗어나기 전에 카페에 들러 간단한 조식 이후 10시 10여 분경에 시작된다.

　히혼 서부 지역을 지나오면서 만난 하몽(Jamon)이 진열된 하모네리아(Jamoneria) 하몽 상점 모습이 인상적이다. 상점 전면에는 상호 대신에 파나데리아(Panaderia), 프루테리아(Fruteria)라는 간판도 보인다. 빵가게와 과일가게를 의미하는 스페인어임을 고려할 때, 하몽 이외에 빵과 과일도 판매하는 상점임을 알 수 있다.

　히혼을 벗어나며 베리냐*Veriña* 마을로 이어지는데, 철강공장 지역이다. 공장 스모그가 바람에 날리거나 비나 이슬로 내려앉은 검은 분진이 주변 도로에 깔려있다. 분명 살기에 환경이 좋지 못한 지역이다. 그럼에도 주거 환경이 열악한 지역의 낡은 집에서 닭을 키우며 살고 있는 노인의 모습이 안쓰러워 보인다.

공장 지대가 내려다보이는 구릉지는 초입의 주택가를 빼고는 온통 녹색 지대로, 목초지와 유칼립투스 산림이 가득하다. 공장 지대로 인해 초래된 환경오염을 상쇄해 주고도 남음이 있어 보인다. 구릉지에는 몬테 아레오 (Monte Areo)라는 높지 않은 산이 있어 산책하기 안성맞춤이다.

이곳에 마침 고인돌(Dolmen)이 있어 잠시 경로를 벗어나 들러본다. 규모는 별로 크지 않다. 고인돌 주변 공원에서 잠시 휴식을 취하는데, 로베르토가 풀밭에서 달래 같은 풀을 찾아내어 좋은 샐러드용 식물이라고 얘기해 주면서 먹어보기까지 한다. 이미 순례 여행을 해오며 만나온 식물로 달래라고 생각하면서도 아직 뿌리까지 확인 못 하여 단정짓기 어려웠으나 이 기회에 땅을 파서 뿌리까지 캐어보니 구근을 가진 달래가 맞다. 된장을 풀어 찌개로 끓여 먹으면 최고이겠지만, 입맛만 다셔야 한다.

몬테 아레오를 내려와 대략 11.5km 거리의 산타 에우랄리아 *Santa Eulalia* 마을을 지날 무렵 마을 교회 뜰 수돗가에서 식수를 보충하는데 13시 15분가량이다. 이후 농로를 걸을 때, 필자 특급 가이드나 다를 바 없는 로베르토가 길가 어느 나무의 잎을 따서는 이를 비벼서 향기를 맡게 해주고는 스튜(Stew)를 끓일 때 넣는 일종의 향신료로 쓰인다고 알려준다. 설명으로 추정해 보니 월계수로 직감된다. 그 역시도 로렐(Laurel Tree)이 맞다고 확인해 준다.

자연 학습을 겸하는 듯한 여유로운 순례 여행을 하면서 라 시에라 *La Sierra* 마을을 지날 무렵 망원경(Telescope)과 망원줌 카메라를 이용하여 새를 관찰하며 조류 사진을 찍는 부부를 만나

게 된다. DSLR 카메라에 장착된 줌렌즈는 초점거리 24~3,000mm이고, 아주
밝은 전문가용 훌륭한 렌즈이다. 육안으로는 도저히 확인할 수 없는 위치의
흰매(White Hawk)를 찾아내어 포커스를 맞춰놓고 있는데 해상도가 워낙 뛰어
나 실체를 눈 앞에서 직접 보는 것보다도 훨씬 선명하게 잘 보인다. 계속 쌍안
경으로 새의 움직임을 추적하여 어디엔가 내려앉았을 때 카메라로 위치를 따
라가 포커스를 맞추는 것 같다. 이처럼 귀한 흰매를 발견하여 카메라로 포착
했을 때의 기쁨은 말로 표현하기 어려울 듯하다.

이후 우리가 걷는 농로는 고속도로 교각 터널을 통해 대략 15km 거리의 타몬Tamón 마을로 이어지고, 이 마을을 짧게 지나게 되면서는 예약한 숙소를 찾아가기 위해 순례길에서 벗어나게 되는데 14시 20분을 넘어선다. 숙소가 있는 누블레도Nubledo로 가기 위해 산 마르틴San Martin 마을을

잠시 지나게 되는데 역사성 있는 마을 공동 빨래터도 만나고, 멧돼지가 도로 주변을 파헤쳐 놓은 흔적도 발견하게 된다. 이곳 스페인도 천적이 없는 멧돼지가 꽤나 말썽을 부리고 다니는 것 같다.

이후 구글맵이 안내해 주는 숙소로 향하는 길이 보안 통제구역으로 차단되어 있어 당황스럽지만, 먼저 들어가 살펴본 로베르토가 괜찮다는 얘기에 실비아와 함께 뒤따른다. 알고 보니 통제구역은 세계적인 화학기업인 듀퐁(Dupont)의 사유지이다. 통제구역 숲길을 통해 텅빈 영내 포장도로를 지나게 되고, 이후 습지와 공원을 지나도록 여전히 보안 통제구역이다.

결국 그곳 담을 넘어서야 듀퐁 사유지를 벗어나 인접한 마을 누블레도에 있는 숙소에 이르면서 자연 탐방 같은 여유로운 일정을 마치게 되는데, 소화한 거리도 비교적 짧은 20km가 채 안 되는 거리이고, 시간 역시 15시 40분에 불과하다.

　사실 일정을 마치기에는 많이 이른 시간이기도 해서 숙소 때문에 5~6km 거리의 아빌레스*Avilés*까지 더 가야 하는 실비아에게 숙소를 양보하고 개인적으로 아빌레스까지 더 소화하고 싶었지만, 극구 사양하는 실비아를 그냥 떠나보내고 잔류하게 된다.

　이후 로베르토 덕분에 스페인 음식 문화 체험을 하며 흥미로운 저녁 시간을 즐기게 된다. 저녁 음식은 귀사도 데 코르데로(Guisado de Cordero)로, 프랑스 음식인 뵈프 부르기뇽(bœuf bourguignon)이나 아일랜드의 비프 앤 기네스 캐서롤(Beef & Guinness Casserole)과 비슷한 형태의 소고기

스튜이면서도 맛은 프랑스나 아일랜드의 그것보다 한국인 입맛에는 단연 익숙한 풍미를 지니는데, 원래는 음식 이름처럼 양고기(Cordero)로 더 많이 만들어지는 듯하다. 다만 샐러드 대신에 나온 감자튀김과 별도로 양파

(Cebolla, 세보야)를 좀 가져달라고 하여 샐러드를 대신하고 이후 최고급 하몽인 하몽 네그로(Jamon Negro, 검은 하몽)까지 경험해 본다.

혼자서는 몰라서라도 못 먹고, 입맛에 안 맞을까 봐도 조심스러워 경험하지 못할 스페인의 다양한 음식들을 로베르토 덕분에 마음껏 체험할 수 있는 것은 분명 행운이 아닐 수 없다.

맵핑 경로

Gijón ~ Nubledo	
Day 22	19.57km
누적 거리	546.12km

Day 23.

2022. 03. 27.

Nubledo ~ Muros de Nalón

축지법을 구사하듯 단단해지고 있다

늦은 오후 지체된 상황에서 무려 17km 거리를 소화한다

실비아가 전날 머물렀을 마을인 다음 마을 아빌레스*Avilés*에서 로베르토의 이번 순례길 여정도 끝나게 된다. 그는 그곳에서 하루 더 쉬고 이탈리아로 돌아가게 된다. 엊그제 히혼*Gijón* 숙소에서 셋이서 잘 때 모두 적당히 코를 골아 마치 심포니 합주를 연주하는 것 같았다고 표현한 순례길 동지 로베르토와도 이제 이별을 준비해야 한다.

양말을 신는 그의 발바닥에는 도처에 실들이 붙어있다. 물집마다 실을 꿰어놓은 것으로 과거 몽블랑 트레킹 때 필자의 발바닥 모습을 떠올리게 해준다. 그는 상처투성인 발바닥으로 인해 꽤나 고통스러웠을 텐데도 전혀 내색하지 않고 이제까지 고행을 잘 수행해 온 것이다. 순례 여정을 마치고 나면 그의 발바닥 상처는 이내 쉽게 아물게 될 것이고, 보다 내구성

있는 전천후 발바닥으로 거듭나게 될 것이다.

필자는 오늘 27~28km 거리의 무로스 데 나른*Muros de Nalón*까지 진행하
면서 중간에 다섯 개 마을을 지나게 될 것이다. 아빌레스 이후 혼자 걷게
되면서는 또 어떤 순례 여행 동지를 만나게 될지 궁금하면서도 당분간은
혼자 걷는 것을 즐기고 싶기도 하다.

10시 20분가량 숙소를 떠나면서부터 로베르토는 열심히 아침 먹을 레
스토랑 바를 검색한다. 최고의 곳으로 필자를 안내하고 싶다면서 말이다.
하지만 몇 마을을 지나도록 찾는 곳들 문이 모두 닫혀있고 시간은 이미
11시를 좀 넘기고 있어 프린시파도 거리(Avenue Principado)에서 영업 중
인 어느 카페에 들러 아침을 먹는다. 좋은 곳들은 12시 되어야 문을 열기
때문에 아쉬운 대로 선택한 평범한 카페였다.

시공을 훌쩍 건너뛰어선 지금은 18시 5분경 21.5 km 거리의 산티아고
델 몬테*Santiago del Monte*에 와있다. 16시 42분경 14.5km 지점의 살리나스
해변(Playa de Salinas)에서 로베르토와 다소 늦게까지 끈적거리는 작별을

하고 불과 1시간 20여 분 만에 한 번도 쉬지 않고 7km 거리를 달리듯 잰 걸음으로 온 것이다.

산티아고 정규 길이 아닌 살리나스*Salinas*에 들렀다 오느라 거리가 많이 더 길어졌고, 로베르토와 거한 점심 식사까지 하느라 긴 점심 시간을 소모하면서 거의 하루 일정 같은 거리를 남겨놓게 되었기 때문이다. 축지법 같은 걸음으로 생각보다 빨리 올 수 있어서 이곳에서 한숨을 돌리지만, 아직도 10km가량은 더 가야 한다.

19시 20분경 거의 27km 거리를 지나며 엘 카스티요*El Castillo*를 목전에 두고 있다. 마치 발에 엔진을 단 것과 같은 속도로 몇 구릉지를 넘어왔다. 시

속 5km가 넘는 속보로 온 것이다. 오래된 성채가 있는 엘 카스티요를 지나고는 바로 소토 델 바르코*Soto del Barco*이다. 이곳에서는 이날 기착지까지 4km 남짓 남아있는 상황으로 원래 순례길은 이 마을 중심을 경유해야 하는데, 시간을 줄이기 위해 마을 우회길을 선택한다. 이미 많이 늦은 시간이라 원활한 체크인을 위해 서두를 필요가 있기 때문이다.

나론(Nalón) 강다리를 건너고 구릉지를 올라 드디어 무로스 데 나론 마

을에 접어든다. 이곳의 순례자 숙소 3개를 지나도록 모두 운영하고 있는 곳이 없어서 다소 마음이 불안해진다. 이제 숙소 하나만 남았다. 카미노 데 라 코스타 순례자 숙소(Albergue de Peregrinos de Camino de la Costa). 다행히 그곳에 도착한 시간 20시 10여 분경 이미 도착한 순례객들이 레스토랑 바를 겸하고 있는 숙소 앞에서 맥주를 마시면서 담소를 나누며 휴식 중이다. 이들에게 "올라!" 하고 인사를 건네게 되면서 자연스럽게 불안감은 사라지고 무난히 체크인을 하게 된다.

사실 살리나스에서 너무 늦게 출발하는 바람에 별탈없이 기착지까지 도착할 수 있을지와 숙소를 제대로 구할 수 있을지에 대한 우려가 컸었는데, 순례 여행을 통해 이미 보다 단단해져 있는 체력이 뒷받침되어 상상하기 어려운 속도로 달려와 무리 없이 체크인까지 할 수 있게 된 것이다.

앞에서 건너뛴 부분을 리뷰하자면, 일정대로라면 전날 도착해서 오늘 아침 출발했어야 하는 거점 도시인 아빌레스를 12시 30분가량 지나게 되었고, 마침 그때 우리가 지나는 아빌레스 시청 앞 광장에는 마침 우크라이나를 침공한 러시아를 규탄하며 우크라이나에 조속히 평화가 정착되기를 기원하는 집회가 진행되고 있었다.

이후 13시경 필자가 진행해야 하는 순례길과 로베르토가 내려가야 하

는 살리나스 해변 갈림길에서 작별을 위해 맥주 한 잔을 나누었는데, 로베르토가 다소 아쉬워하는 듯하여 그의 제안대로 살리나스 해변으로 내려가는 길을 택하게 된다.

그러면서 내려서게 된 살리나스에서 점심을 먹지 않으면 나머지 20km가량 거리를 가기가 쉽지 않겠다 싶어 그가 안내하는 살리나스 최고 식당 핀카 살리나스(Finca Salinas) 레스토랑으로 가서 최고의 메뉴를 주문해 먹게 되었던 것인데, 최고 메뉴가 티본스테이크 2인분에 와인 한 병, 구운 소시지 그리고 치즈가 들어간 또띠야와 치즈케이크나 초코케이크 같은 디저트, 커피 등 세트 음식으로 2인분 전부해서 59유로에 불과하다. 이탈리아 피렌체에서 먹은 티본스테이크 1인분 가격과 비슷하면서도 훨씬 다양한 음식들이 포함되어 있었던 것이다. 가격과 구성 이외 두드러진 차이점이라면 피렌체 티본스테이크는 표면이 좁고 두께가 두꺼운 반면에 스페인 티본스테이크는 넓고 얇다는 차이가 있다.

로베르토는 푸짐한 음식에 마치

왕이 된 것처럼 행복하다고 했다. 모두 좋았는데 그의 수다스러움이 지나쳤다. 옆 테이블 사람과의 오랜 대화, 그중 많은 부분이 필자와 함께한 순례 여행에 대한 얘기였다. 2시간 이상 걸린 식사 이후에도 해변으로 나가 이탈리아 친구와 화상통화를 하면서 자기 친구에게 인사를 나누게 했는데, 그 이전에도 화상통화하던 자신의 약혼녀와도 인사말을 나누게 한 적이 있기도 했다.

필자가 시간적 여유만 있다면 상관이 없겠으나 로베르토 "자신은 여기서 쉬지만, 한국인(Koreano)은 아직 20km가량을 더 가야 한다"고 자신의 친구에게 얘기하면서도 정작 가야 할 길이 태산 같은 필자의 출발 시간을 자꾸 늦어지게 하고 있는 게 문제였던 것이다.

암튼 끈쩍끈쩍한 작별을 고하고 다시 남은 순례길을 재촉해야 하는 시점에서는 이미 시간은 당초보다 3시간 30분가량 늦어져 있고, 거리는 이날 기착지에서 3~4km 정도 더 멀어져 있었다. 그럼에도 너무 늦지 않은 시간에 전혀 탈없이 목적지에 도착하게 되면서 결과적으로 필자가 얼마나 강해졌는지를 확인할 수 있게 되어서 로베르토에게 오히려 감사해야 할 것 같은 생각마저 들어 좀 헷갈리지 않을 수 없다.

끝으로 레스토랑에서 보게 된 이색적인 모습 관련해서 한마디 언급치 않을 수 없다. 스페인에서는 로또(Lotto)에 대한 관심이 여타 서유럽 국가에 비해 상대적으로 높아 보인다. 아마 스페인 경제가 활력을 잃고 있어 더욱 그러한 것 같다. 그렇다 하더라도 유니폼을 입은 로또 복권 판매원이 식당 곳곳을 다니며 복권

을 팔고 있는 모습은 낯설지 않을 수 없다. 개인적으로는 로또를 단 한 번
도 사본 적이 없다. 로또 당첨은
행운이 아니고 소박한 일상에서 얻
을 수 있는 소소한 행복 모두를 앗
아갈 그야말로 돈벼락임을 알기 때
문이다.

전날 밤 머물렀던 듀퐁이 철수하
고 활기를 잃은 듯 보였던 누블레
도*Nubledo* 마을의 경우도 선술집과
로또 복권 판매점만이 불빛을 밝
히고 있어 안타깝게 느껴졌다. 희
망을 잃을수록 요행을 바라는 사
행 심리가 커지는 것이 아닐까 싶다.

맵핑 경로

Nubledo ~ Muros de Nalón	
Day 23	31.13km
누적 거리	577.25km

Day 24.

2022. 03. 28.

Muros de Nalón ~ Novellana

스페인의 시골은 공간적 아름다움을 표현하는 생활미술이

보편화되어 있는 매력적인 곳임을 거듭 확인하게 된다

　　　전날 점심 식사를 16시경에 마친 이후 20km 거리를 미친듯
이 달려온 이곳 무로스 데 나론*Muros de Nalón*에서 그다지 길지 않은 재충
전 시간에도 비교적 피로 회복이 잘된 듯하다. 지난 밤에는 도미토리 숙
소임에도 혼자 자게 된 것 역시 다행스러웠다. 도미토리 순례자 숙소 이용
시 코골이로 다른 순례객들의 수면을 방해하게 될까 봐 우려스러운 부분
도 적잖었기 때문이다.

　사실 대다수 순례객들은 적당한 수준으로 코를 고는 것 같다. 여성 경우
도 대체로 예외가 아니다. 따라서 순례자 숙소를 이용할 때는 룸메이트를
잘 만나야 한다. 코를 심하게 고는 룸메이트를 피하는 것도 좋겠지만, 무엇
보다 타인의 코골이에 지나치게 반응하여 수시로 코고는 사람을 깨워가며

수면을 방해하는 고약한 룸메이트를 만나지 않는 것이 좋을 것이다.

만약에 자신이 코를 곤다고 수시로 잠을 깨우는 룸메이트가 있다면 그에게 따끔하게 얘기해 줘야 한다. '당신이 도미토리 숙소에 온 이상 이건 당신이 감수해야 될 문제이지 코고는 사람을 탓해서는 안 된다. 이를 견딜 수 없다면 당신은 호텔로 가야 한다. 왜 적은 비용을 들이고는 그 이상의 것을 누리려고 하는가?'라고 꾸짖듯이….

암튼 10시 50분경 제일 늦게 숙소를 떠나면서 벌써 24일째 순례 여행을 이어가게 된다. 오늘 예정된 코스는 16km 정도뿐이 안 된다. 따라서 숙소 상황을 고려하여 최대한 소화할 수 있는 만큼 진행해 보려고 한다. 남들보다 2시간 이상 늦게 출발하게 되었지만, 전날 17km를 남기고 로베르토와 헤어진 살리나스(Salinas) 해변에서 출발한 시간보다는 무려 6시간이나 빠른 셈이다.

지금까지 산티아고 순례 여행을 하면서 수도 없이 스페인의 크고 작은 마을과 도시를 지나왔지만 걸어서 불과 몇십 분이나 길어야 1~2시간 이내면 마을이나 도시를 벗어날 정도로 규모들이 크지 않아 이내 푸르른 자연을 접하게 된다. 자연이 인간계를 품고 있는 건지 그 반대인 건지 판단하기 쉽지 않지만, 이곳 지역들은 분명 자연과 마을 모두가 조화롭게 공존하고 있는 아름다운 곳이라는 점은 확실한 듯하다.

마을 공원에 이 마을 출신의 어느 여배우를 소개하는 마을 홍보판이 있어 이채롭다. 이런 마을을 벗어나며 철길 다리를 건너게 되면서 이내 자연 숲길로 들어선다. 들어선 숲길에 출입 통제라는 안내 문구가 보인다. 마땅히 우회할 길이 없는 듯하여 그대로 지나게 되는데 머지않아 통제 이유를 확인하게 된다.

임도에서 유칼립투스 나무를 벌목하여 가지를 훑어내고 일정한 길이로 재단하는 것까지 기계손을 가진 중장비 특수차량이 혼자서 해내고 있다. 중장비 차량기사가 순례객인 필자를 보고는 잠시 기계 작동을 멈추고 지나가라고 한다. 돌아가라고 하면 어쩌나 하고 걱정했는데 다행이다. 벌목해 놓은 유칼립투스 나무들이 가로 놓여있는 임도를 통과하는 게 간단치는 않지만, 가게 해준 것만으로도 천만다행이다. 참고로 벌목 중장비 특수차량의 제조사는 자랑스럽게도 대한민국 두산중공업이다. 사진에 있는 QR 코드를 체크하면 이 중장비가 일하는 동영상을 보실 수 있다.

　이후 산등성이 마을인 엘 피토*El Pito* 마을을 관통하고는 다시 더 높은 구릉지로 올라 국도를 지나서 산 후안 데 피녜라*San Juan de Piñera* 마을을 지나게 되는데, 12시 20분을 넘어서고 있고, 7.5km가량의 거리이다. 한 농가 마당 수돗물로 갈증을 달래고, 그곳 벤치에서 등산화를 벗고 휴식을 취한다. 30여 분간 휴식도 취하며 간식으로 에너지도 보충하고는 순례길을 이어가게 되는데, 구릉지를 오르고 고속도로 밑 토끼굴을 지나 오름을 지속하는가 하면 또 다른 토끼굴을 지나서는 내려가게 된다. 이곳 고속도로는 구릉지 사이 골짜기를 아주 높은 교각 다리로 수평을 이루게 한 도로로, 반대편 구릉마루로 이어진다.

반면 순례길은 콘차 데 아르테도 해변(Playa Concha de Artedo)이 있는 골짜기 마을 레야요*Rellayo*까지 내려갔다가 다시 반대편 구릉지로 오르게 되는데 교각을 통해 지나가는 국도와 고속도로 외에도 더 멀리 철교 다리도 보인다. 세 다리가 멋진 앙상블을 이루는 볼거리가 구릉지를 오르는 힘든 걸음에 다소 위로가 되는 듯하다. 다시 올라온 구릉마루에서 고속도로와 나란히 걷게 되는데 12.5km 거리이고, 시간은 14시를 넘어서고 있다. 잠시 인근 벤치에서 30분가량 피로를 달래며 호흡을 조절하는데, 어제와 같은 초인적인 페이스를 기대하기는 어려운 컨디션임을 깨닫게 된다.

휴식을 취한 벤치 등받이는 이정표 역할도 한다. 소토 데 루이냐*Soto de Luiña*까지 3.8km 거리임을 알려주는 표식이 있기 때문이다. 또한 벤치 주

변 유칼립투스는 열매를 품고 있다. 원래 꽃이 피고 열매를 맺는 시기가 언제인지는 모르겠지만, 그동안 유칼립투스 산림을 무수히 만나봐 왔지만, 열매 맺은 모습은 처음이어서 특별하게 느껴진다.

이후 구릉지를 내륙 쪽으로 감아도는 내리막길로 무리 없이 예정된 기착지 소토 데 루이냐에 이르니 15시 15분가량에 불과하다. 이곳에 이르는 과정에서 대략 2시간 거리 정도의 노베야나*Novellana*까지 더 진행해야겠다

고 이미 마음을 굳힌 이후인데, 이 마을의 산타 마리아 교회(Iglesias de Santa Maria) 앞 광장에서 페르난도를 다시 재회한다. 20일차에 비야비시오사*Villaviciosa*에서 만난 이래 4일 만에 다시 만난 것으로, 만난 사람들을 유쾌하게 해주는 재주가 있다. 만나는 순간부터 이 친구가 이물 없이 대하는 다정다감에 절로 미소가 지어진다.

가뜩이나 젊고 핸섬한 친구가 그 사이 이발까지 깔끔하게 했다. 순례 여행을 늘 일찍 시작해서 일찍 마치는 그에게는 전혀 피로한 기색을 찾아볼 수도 없

다. 모범적인 순례 여행의 전형을 보여준다 하겠다. 이곳에는 독일에서 온 중년 여성 도리스와 남성 베른트 카이저(Bernd Kaiser)도 있다. 도리스는 페르난도와 같은 순례자 숙소에 이미 체크인 상황이었고, 그렇지 않은 베른트 카이저는 필자와 이날 일정을 매듭지게 될 기착지가 같아서 이후 동행하게 된다. 오늘 기착지 노베야나까지는 대략 8km가량 더 가야 하는 거리이다.

소토 데 루이냐에서 차량 도로로 고개를 올라서면 그곳에서 산행길과 해안길로 나뉜다. 산행길 코스 길이는 20km 정도 되는데 중간에 끊어서 갈 숙소가 없어 시간상 그 길로 가기 어렵지만, 알고 보니 지금 같은 비시즌에는 해당 순례길을 이용할 수 없다는 안내문이 있다.

이후 택하여 진행하게 되는 해안 방향 순례길은 일반 도로로 볼 거리도 없는 포장 도로라서 지루하기만 하다. 그럼에도 마침내 다다른 노베야나는 너무 아름답게 잘 꾸며진 마을이다. 잠시 마을을 관통해 지나도록 집 앞 정원이나 카페, 공원 등에 장식 소재로 사용된 자전거의 모습들을 여럿 볼 수 있어 신선하다.

소토 데 루이냐 마을 이전 어느 시골 집 앞마당에 궤목으로 만든 물고기 조각이라든가 그전 휴식을 취했던 농가 마당에서 접했던 조약돌에 수놓은

곤충이나 꽃그림 등은 마치 무생물에 생명력을 담으려는 노력처럼 보였다. 이렇듯 스페인은 공간적, 시각적 아름다움을 표현하는 생활미술이 일상화되어 있는 매력적인 곳임을 거듭 확인하며 마을을 벗어나 노베야나 역에 있는 순례자 숙소에 이르면서 오늘 일정을 마치게 되는데, 순례자 숙소 역시 다양한 공간미술로 아름답게 장식된 곳이다.

Muros de Nalón ~ Novellana	
Day 24	24.12km
누적 거리	601.37km

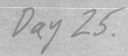

Day 25.

2022. 03. 29.

Novellana ~ Luarca

전날부터 함께한 Bernd Kaiser와 최고의 호흡으로 진행한

이날 순례 여행은 그 어느 날보다 특별하게 기억될 듯하다

오늘은 원래 소토 데 루이냐*Soto de Luiña*에서 루아르카*Luarca*
까지 약 34km를 소화해야 하는 일정인데, 전날 8km 거리를 더 진행한
만큼 26km 전후만 진행하면 될 것이다. 어제는 모처럼 너무 이르지도 늦
지도 않은 17시 30분경에 일정을 마치고 넉넉한 휴식에 들어갈 수 있었
다. 순례자 숙소들은 대부분 세탁 서비스를 해주는데, 대체로 건조기까지
갖춰놓고 세탁·건조를 해주며 보통 3~4유로 정도를 받는다.

빨래가 많지 않을 경우 동행하는 몇몇 순례객들과 함께 세탁 서비스를
이용하면 그만큼 비용을 절감할 수 있다. 따라서 전날 베른트와 함께 세
탁 서비스를 이용하며 입고 있던 옷 일체를 세탁하였기에 깔끔한 복장으
로 오늘 일정을 한결 산뜻해진 마음으로 시작하게 된다.

Soto de Luiña	33.81 KM
Luarca	

9시 50분경 베른트와 함께 노베야나Novellana 간이역에 지어진 예쁜 숙소를 나선다. 아주 흐린 날씨이지만 비는 내리지 않고 있다. 해안을 따라 굽이진 해안 도로를 걷다가는 골짜기를 통해 해변 가까이로 내려갔다 올라가기를 두어 차례 반복하며 산타 마리나Santa Marina와 바요타Ballota를 지나게 되는데, 바요타를 지날 무렵이 11시경이고 7km 거리이다. 베른트의 제안에 따라 그곳 카사 페르난도(Casa Fernando) 카페에서 잠시 커피 한 잔에 간식을 섭취하고 순례길을 이어간다.

이후 다시 골짜기로 내려가 제법 길게 둔덕을 오르내리는데, 그 과정에서 훌륭한 해안 절경을 만날 때마다 절로 심신이 상쾌해짐을 느낀다. 오염되지 않은 본래 그대로의 자연이 주는 선물 같다는 생각이 든다. 전혀 지치지 않을 것 같은 진행으로 미니어처 같은 아주 작은 미니 역사가 있는 산자락 마을 타블리쏘Tablizo와 리본Ribón을 잇따라 지나면서 또다시 해안 비경을 접하고는 카다베우Cadavéu에 이르게 되는데, 이때 시각이 12시 50분경이고, 대략 14km 거리이다.

이후 비야데모로스Villademoros를 지날 무렵 베른트가 필자에게 왜 쉬지

않고 그렇게 빨리 가기만 하냐고 묻는다. 사실 전날 소토 데 루이냐에서 만나 그와 동행을 할 때 아마 필자가 느꼈던 심경과 비슷한 것 같다. 지금 생각하니 그 전날 그는 쉴 만큼 휴식을 취한 이후였고, 필자는 그렇지 못한 상황이라 그를 따라가기 힘들었던 같다. 적절한 휴식의 중요성을 새삼 되새겨 본다.

전날 경험으로 필자보다 체력이 뛰어나다고 판단되었기에 그에게 맞춰서 그가 쉬자고 할 때를 기다리며 진행해 왔던 것인데 오히려 그가 다소 벅찼던 것 같다. 쉴 만한 벤치가 있으면 쉬었다 가기로 하고는 16km 거리의 산 크리스토발San Cristóbal 마을 벤치에서 쉬게 되는데, 이때 시각이 13시 20분경이다.

간단한 간식과 휴식으로 30분가량의 브레이크 타임을 가진 이후 다시 순례길을 진행하는데, 다시 골짜기 자연 숲길을 지나며 거듭하여 업힐과 다운힐을 반복하게 되는데 오르내림이 힘들다 해도 트레킹하는 즐거움은 오히려 힘든 것에 비례하여 커지는 듯하다.

구릉골에 있는 카네로*Canero* 마을을 지나며 멀리 보이는 기차 철교가 마치 그림 같은 풍경이어서 잠시 시선을 빼앗긴다. 카네로 마을을 벗어날 무렵 쿠에바 해변 (Playa de Cueva) 인근 도로변에 호텔과 순례자 숙소를 겸하고 있는 카네로 레스토랑 겸 숙소가 기다리고 있고, 베른트의 제안에 이곳에서 차를 한잔하며 잠시 끊어가는 시간을 갖게 되는데, 이때 시각이 15시를 넘어섰고 22km 거리도 좀 지난 지점이다.

적잖은 휴식 이후 이어가는 길은 다시 급하게 올라야 하는 업힐이다. 이미 해수면 수준으로 내려왔기 때문에 다시 해발 160m 높이의 카로야스*Caroyas* 마을까지 급하게 오르게 된다. 그리고는 비교적 무리 없는 평탄한 마을길들을 지나는 중 바르시아*Barcia* 마을에서 반가운 이정표를 만나게 되는데, 최종 목적지 산티아고 콤포스텔라*Santiago Compostela*까지 223km 남아있다는 안내판으로 이미 620km가량 진행해 왔음을 말해 주고 있고, 미소 짓는 형상의 화분이 순례 여행객을 격려해 주는 듯하다. 이는 화분에 채색을 해서 만든 생활미술로 스페인 농가의 여유로움을 느끼게 해주는데, 아스투리아스(Asturias) 지방에 들어서서 이미 심심찮게 만나온 모습이다.

이후 28km 지점 바르셀리나 *Barcelina* 마을을 지날 무렵 베른트가 발바닥에 좀 문제가 생겼다 하여 잠시 쉬어가게 되는데, 양말을 벗은 그의 발바닥에는 물집은 없었지만, 발바닥 앞부분 피부가 들떠 있는 모습으로 한 번쯤은 벗겨져야만 해결될 상태이다. 아마 들떠있는 발바닥 가죽 안으로 새살이 생겨나고 있는 중일 것이지만 완전한 교체가 이루어지기까지는 적잖은 아픔을 이겨내야 할 것이다. 필자가 이미 순례길 10일 차 전후해서 경험한 것처럼 말이다.

다소 힘들어하는 베른트의 페이스에 맞추어 무리 없이 다다른 전망대 지형 아래로는 표현할 수 없이 아름다운 항구가 한눈에 들어오는데, 바로 우리의 오늘 기착지인 항구마을 루아르카이다. 항구 건너편 역시 벼랑으로 벼랑이 항구를 병풍처럼 두르고 있는 것으로 봐서 루아르카는 지각의 단층 활동으로 형성된 협곡에 자리 잡은 항구도시가 아닐까 싶다.

급한 경사로로 내려가 루아르카 항구도시 중심에 자리 잡은 순례자 숙소에 이르러 30여 km의 하루 일정을 17시 10여 분에 마치게 된다. 적잖은 거리를 소화하면서도 이른 시간에 일정을 마쳤다는 사실 만으로도 성취감이 느껴진다. 어느덧 종반부에 접어든 순례 여행으로 인해 이미 심신이 단단해지고 있음을 확인할 수 있는 것 같아서이다.

숙소에 이르는 과정에서 지나온 어느 골목길 2~3층 높이에 장식해 놓은 우산들의 아름다운 배열을 접하기도 했는데, 마치 우리의 입성을 환영

해 주는 듯하여 보다 특별하게 느껴졌다. 올해 66번째 생일날인 3월 1일에 퇴직하고는 바로 그다음 날 스페인으로 날아와 순례 여행을 하고 있다는 베른트 카이저와 최고의 호흡으로 최고의 트래킹을 소화한 오늘 순례 여행은 그 어느 날 못지않게 특별하게 기억될 듯하다.

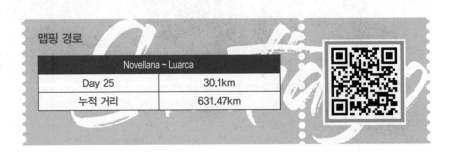

맵핑 경로

Novellana ~ Luarca	
Day 25	30.1km
누적 거리	631.47km

2022. 03. 30.

Luarca ~ La Caridad

이번 순례 여행 중 첫 분뇨차량을 만난다.

시골 들판에서는 농번기 시작을 알리는 듯 똥거름 냄새가 풍기고 있다

전날 바르시아*Barcia* 마을을 지나오면서 산티아고까지 223km 남았다는 이정표를 보았다. 그 이후로 3km 이상 거리인 루아르카*Luarca*에 와있는 만큼 순례길은 이제 220km가 채 안 남은 듯한데, 언제부턴가 남은 거리에 반비례하여 체력은 더 좋아지고 있어 발걸음이 한결 가벼워지고 있다. 따라서 오늘 베른트는 20km 지점인 나비아*Navia*까지 가겠다고 하는 반면, 필자는 31km 정도 되는 지점인 라 칼리다드*La Caridad*까지 가려고 한다.

전날 저녁에는 등심스테이크(Entrecot Ala Plancha)로 빅 디너를 즐겼고, 이날 아침은 전날 준비해 놓은 홍합탕을 데워서 며칠 전에 캔 달래를 썰어 넣어 베른트와 색다른 아침을 먹는데, 베른트는 독일 내륙 도르트문트

Dortmund 인근에서 와서인지 홍합을 처음 먹어본다고 한다. 그럼에도 그런 대로 먹을 만하다고 하여 다행스럽다.

| Luarca | | 30.65 KM |
| La Caridad (A Caridá) | | EDIT |

| 🚶 5.73 | 🏔 24.92 | ⛰ 592.56 | ⛰ 644.48 |

	○	**Luarca**
2.14 KM		
	○	Santiago
1.31 KM		
	○	Villuir
2.46 KM		
	○	Otur
6.67 KM		
	○	Villapedre
1.96 KM		
	○	Piñera
2.20 KM		
	○	Villaoril
1.87 KM		
	○	La Colorada
1.90 KM		
	○	**Navia**
0.57 KM		
	○	El Espín
0.74 KM		
	○	Barqueiros
0.97 KM		
	○	Jarrio
3.93 KM		
	○	Cartavio
3.94 KM		
	○	La Caridad (A Caridá)

협곡에 흐르는 네그로(Negro) 강 양편 단층에 의해 절벽을 이루고 있는 지형에 갇혀있는 듯 보이는 항구 마을 루아르카에서 9시 50분경 발걸음을 떼는데, 인상적인 항구를 뒤로하기가 아쉬운 마음에서일까 발걸음이 무겁다. 서남 방향 산비탈 동네를 지나 벼랑위 지대에 오르지만, 멋스러운 루아르카 항구는 시야각에서 벗어나 조망할 수 없는 반면에 항구 건너편 곶지형에 루아르카 등대(Faro de Luarca)가 운치 있는 모습으로 배웅해 주는 듯 자리하고 있다.

오늘은 아침부터 전날과 달리 몸이 무겁고, 그제처럼 베른트를 쫓아가기 급급할 정도로 힘이 든다. 워밍업이 늦어질 뿐인 건지 아니면 하루 종일 컨디션 난조를 겪게 될지 모르겠

다. 4km 거리 빌뤼르*Villuir* 마을을 지날 때 비가 쏟아지기 시작해서 급히 우비 모드로 복장을 전환한다. 전날부터 날씨가 다소 쌀쌀해졌는데, 흐린 날씨에 해가 숨어버린 탓이었고 오늘은 드디어 비를 뿌리기 시작한 것이다. 그럼에도 이에 조금도 위축되지 말라는 듯 인근 가옥 처마 밑 화분 삼 남매가 밝게 미소 지어주고 있다.

대략 9km 거리의 오투르*Otur* 마을 순례자 숙소를 지날 때가 11시 40분경인데, 뒤에 있는 순례 동지들과 주고받는 메시지 전언에 따르면 이곳이 페르난도, 도리스, 실비아 등이 오늘 쉬어 갈 숙소라고 한다. 이후 잠시 순례길에서 벗어나 카페테리아와 슈퍼마켓이 있는 아울렛에 들러 기능성 양말도 구매하고 커피와 샌드위치로 점심을 대신하는데, 필자가 아침을 챙겨준 답례인지 베른트가 선수쳐서 계산을 한다.

40~50분간 런치 타임 이후 순례길로 돌아가며 분뇨차량을 만난다. 방금 지나온 마을 들판에서 이번 순례 여행 중 처음으로 똥거름 냄새를 맡기 시작했던 터였다. 분뇨차량이 똥거름 주는 모습은 포르투갈 순례 여행에서 이미 본 적이 있는데, 분뇨 탱크 뒤편 아래 위치에 있는 스프링쿨러 같은 장치에서 똥거름

을 분사하여 밭에 뿌려댄다. 생태계 순환 사이클의 한 단면이라 할 수 있는 모습이다.

순례길에 합류한 이후 오래지 않아 햇살이 나오면서 마음도 환해진다. 산자락 하나를 넘어 멀리 바다를 조망하면서 만나게 된 마을이 바오 이 바라요*Bao y Barayo*이고, 다시 서쪽으로 진행하며 잇따라 접하게 된 마을이 비야페드레*Villapedre*로 14시경이고 약 14km 지점이다.

이후 작은 시골 마을과 자연 숲길을 번갈아가다가 피녜라*Piñera* 마을도

지나게 되는데, 그곳 외곽에 자리잡은 산 살바도르 교회(Iglesia de San Salvador)가 다소 소외된 듯 쓸쓸해 보이는 모습이다.

이후 15시경 라 콜로라다 *La Colorada* 마을에 인접한 벤치에서 잠시 숨 돌리는 시간을 갖는다. 그에게 산티아고 순례 여행을 왜 하는지 물어보게 되는데, 유럽인에게 순례 여행이 어떤 의미인지 궁금했기 때문이다. 베른트가 이에 답하기를 자신이 가톨릭 신자이기는 하지만 종교적인 이유로 순례 여행을 하는 건 아니고 4년 전 프랑스 순례길 카미노 프랑세스로 산티아고 순례 여행을 처음 경험할 당시 경치가 너무 훌륭하고 볼거리도 많아 다시 기회를 만들었다고 한다

대체로 트레킹을 좋아해서 하게 된 필자와 크게 다를 바 없다는 생각이 드는데, 덧붙이길 두 번째 순례 여행인 이번 카미노 델 노르테(Camino del Norte)는 업다운이 심하여 카미노 프랑세스보다 많이 더 힘들다고 얘기해 준다. 그의 어깨에는 뜻밖에도 인슐린 당뇨 패치가 붙어있다. 필자의 경우는 순례길을 '명상의 길'이라기보다는 '치유의 길'이라고 정의하는데, 베른트에게도 후자의 의미에 가깝지 않을까 싶다.

다시 출발하고는 얼마 지나지 않아 공동묘지(Cementerio Parroquial de

la Colorada)가 있는 언덕을 넘어 내려가며 나비아 *Navia*에 접어들게 되고, 이윽고 그가 머물 산 로케(San Roque) 순례자 숙소에 이르러 그와도 헤어지게 된다. "부엔 카미노."라고 담백한 인사말과 손 인사를 남기며 등을 돌리게 된 것이다. 이때가 15시 45분경이고, 21.5km를 좀 넘어선 지점이다.

정든 순례 여행 동지 간에 남긴 마지막 짧은 인사말 '부엔 카미노'에는 생각하기에 따라서는 많은 의미가 함축되어 있지 않을까 싶다. 필자가 그에게 전한 "부엔 카미노."에는 부디 무탈하게 순례 여행을 잘 마치고 보다 건강해진 심신으로 일상으로 복귀하시고, 기회되면 언제 한번 보자는 의미가 담겨있다 할 것이다.

나비아 마을에서 다리 건너편 마을 엘 에스핀*El Espin*을 지나고, 그곳 강기슭에서 언덕을 올라서면서 다시 평원을 만나게 된다. 평원의 하리오 *Jarrio* 마을을 지나게 되고는 잠시 숲길을 지나 오버 브릿지를 통해 고속 도로를 건너 토르세*Torce* 마을에 접어들어 급수대에서 물을 보충하는데, 27km 지점이고 17시가량이다.

이후 주로 지방 도로를 따라 오늘 기착지 마을인 라 칼리다드에 이르게 되는데, 때로는 지방 도로를 벗어나 마을길과 숲길도 지난다. 나비아 이후 혼자 걸으며 급격히 다리가 무거워져 이미 발걸음이 제법 더디어졌고, 따라서 벤치에서 목을 축이거나 간식도 먹으며 쉬는 시간도 잦아졌다. 그만큼 진행이 늦어지고 있는 것이다.

그럼에도 바다가 배경으로 있는 카르티보*Cartivo* 마을의 평화로운 풍경이나 마을 공통 빨래터 라바데로(Lavadero)나 거름을 주며 밭갈이하는 농부의 정감 있는 모습들 덕분에 한결 여유로워진 마음으로 라 칼리다드 마을 숙소 알베르게 라 사나(Albergue La Xana)에 이르게 되며 다소 고단했

던 일정을 마친다. 19시 거의 다 된 시간에 32.5km 거리를 소화해낸 것
이고, 주인이 부재중이라 전화로 호출하여 다소 더딘 체크인을 한다. 그럼
에도 순례자 숙소에 유일한 숙박객인 필자를 위해 다녀간 호스트에게 감
사하고도 미안한 마음이다.

　반면에 주방 설비가 완비되어 있는 등 숙박 환경은 여러모로 훌륭한 곳
이다. 따라서 도시의 면모를 갖춘 듯한 라 칼리다드 마을을 살펴볼 겸해

서 숙소를 나서서 인근 마트 수페르메르카도스 디아(Supermercados Dia)에도 들러 삼겹살과 상추 그리고 김치를 대신할 피클 등을 구입하여 현미밥에 군침 돌게 만드는 저녁 식탁을 차릴 수 있게 된다.

그런가 하면 마트에서 장을 볼 때, 흑마늘(Ajo Negro, 아호 네그로)을 우연히 만난 사실을 언급하지 않을 수가 없다. 흑마늘은 그 효능이 국내나 동양권에서는 익히 잘 알려진 바 있겠으나 서양인 스페인에서 이미 상품화까지 되어있다는 사실에 놀라지 않을 수 없는 것이었다. 암튼 그날그날 적절한 휴식만이 순탄한 내일의 순례 여행을 보장해 주는 만큼 늦지 않은 시간에 취침 모드로 전환한다.

맵핑 경로

Luarca ~ La Caridad	
Day 26	32.48km
누적 거리	663.95km

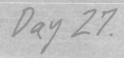

Day 27.

2022. 03. 31.

La Caridad ~ Ribadeo

땅거름을 주느라 분주한 Asturias 지방 해안마을을 지나

침식해안이 빼어난 Galicia 지방 Ribadeo로 들어서다

오늘은 22km 정도 거리 리바데오*Ribadeo*까지만 진행하려 한다. 중간에 거점 마을 6개를 지나야 하는데 힘든 업다운 힐은 없어 보인다. 거리나 난이도 모든 면에서 무리 없는 일정이 될 것이다.

다만 날씨가 첫날 이룬*Irun*을 출발했을 때처럼 제법 쌀쌀해서 기운차게 순례 여행을 진행하면서 체열을 발생시켜야 온기를 느낄 수 있을 것 같다. 간밤에는 비가 내린 듯하지만 아침에도 비가 오락가락하고 있다.

오늘은 순례 여행기 자료 사진의 훌륭한 모델이 되어주던 여행 동반자 없이 혼자 여행을 시작하게 되는데 그동안 함께해 온 순례 여행 동지들은 다시 만나기가 쉽지 않을 것 같다. 대략 10km와 20여 km 뒤에 있기 때문이고, 앞으로 진행 속도도 필자보다 빠르지 않을 것이기 때문이다. 중간에 대중교통을 이용하여 간혹 건너뛰기도 하는 실비아 같은 경우는 예외적으로 만날 수 있을지도 모르겠지만….

9시 40분경 숙소를 나서는데 다소 무거워진 배낭이 부담스럽다. 이곳 숙소에서 밥을 해 먹고 남은 현미쌀과 다른 식재료들이 무게를 더해주고 있기 때문이다. 11시가 거의 다 되어 가는 시간, 5.5km 거리 포르시아(Porcia) 강을 건너 어느 주택 현관 문턱에 앉아 현미 숭늉을 마시며 쉬어가는 시간을 갖는다. 어느덧 구름 사이로 비춰지는 햇살이 휴식 시간을 보다 안온하게 해준다.

오는 과정을 잠시 리뷰해 보면 라 칼리다드*La Caridad*에서 벗어나며 시냇물이 흐르는 작은 골을 지나고는 이웃마을로 넘어가 산 펠라요*San Pelayo*, 발데파레스*Valdepares* 그리고 엘 프랑코*El Franco*를 지나왔다. 엘 프랑코 마을에서 작은 석조 오두막

집을 만날 수 있었는데, 밖으로 수도꼭지가 달려있는 돌 수조가 있는 것으로 봐서 물 저장 탱크가 아닌가 추정된다. 프랑스 마을에는 샤또 도(Château d'Eau)라는 원통형 대형 탑 모습의 물탱크가 있다. 그런가 하면 산 펠라요 마을을 지날 때는 어느 정원에 순례자가 쉬어가는 벤치가 놓여

있는데, 이름하여 엘 반코 델 펠레그리노(El Banco del Peregrino), 우리말로 순례자 벤치다. 순례 여행객을 배려한 마음 때문에 보다 앙증맞게 이뻐 보인다.

또한 발데파레스 마을을 지나오면서 탑차 뒤에 지게차를 매다는 모습도 보게 된다. 지게차 두 팔을 탑차 뒤 홈통에 밀어넣고는 지게차 자체를 리프팅하여 허공에 떠올리고는 다른 안전장치로 떨어지지 않게 고정시키고 있었다. 유럽에는 요트 같은 레저용 배를 들어올려 운반차량에 실거나 지게차를 다른 차에 매달아 운반하는 등의 시스템이 우리나라와 다르게 보편화되어 있어 보인다.

이쪽 지형은 마을 사이에 숲을 이루고 있는 구릉골을 지나야 또 다른 마을로 이어지고는 한다. 깊지 않은 골짜기 다리를 통해 포르시아 강(Rio de Porcia)을 건너와 휴식 겸 여행 일지를 정리하는 시간을 갖고는 11시 40분경 다시 순례 여행을 이어간다.

확실히 적당한 재충전 이후라 가파르게 더 올라가 있는 마을 엘 비소*El Viso*를 경유하게 되지만 힘들지는 않다. 대략 7km 지점에서 선택의 기로에 선다. 순례길이 내륙 방향 정규 카미노(Camino)와 해안 방향 옵션 카미노로 나뉘는 지점을 만나게 된 것이다. 잠시 갈팡질팡하다가 정규 순례길 방향 먼 발치에 산타 마리아 교구 성당(Parroquia de Santa Maria de Campose y Salave)이 보이지만, 해안길로 향하며 성당과 멀어지게 된다. 다소 거리는 멀어도 볼거리가 많은 듯한 후자를 택한 것이다.

해안마을 타피아 데 카사리에고*Tapia de Casariego*로 향하는 도중에 변덕스러운 날씨가 갑자기 비를 뿌려대서 걸음을 멈춰 배낭에 레인커버를 씌우게 만들지만, 마을에 이르를 즈음에는 다시 햇살이 비춰진다. 이때가 13시가량이고, 11km 진행한 지점이다.

해안 갯바위가 많은 바다 풍경은 제주도 올레길을 연상시키는데, 조망하기 좋은 곳에 순례자 숙소(Albergue de Peregrinos)가 자리 잡고 있다. 이곳에 하루 쉬어가는 일정을 잡으면 좋을 듯해 보이지만 필자에게는 해당되지 않는다. 너무 이른 시간이기 때문이다.

순례길을 벗어나 잠시 마트 (Supermercados Dia)에서 점심거리를 사서 시청(Ayuntamiento de Tapia de Casariego) 앞 파르케 프라자(Parque Plaza, 광장 공원) 벤치에 앉아서 요기를 한다. 그 과정에서 묶음으로 산 먹거리 일부를 슈퍼 앞 걸인 노파에게 나눠주고 잔돈도 드렸더니 너무 행복해하는 노파의 모습 덕분에 더욱 기분 좋은 간식 시간이 된 듯하다.

디저트로 입맛을 즐긴 헤이즐넛 요거트의 포장 용기에는 스페인어 요구르 콘 아베야나스(Yogur con Avellanas) 와 갈리시아어 요구르테 콤 아벨라스(Iogurte com Avelãs) 두 가지로 표기되어 있다. 이를 미루어 짐작해 볼 때, 스페인어와 가르시아 지방 방언 사이에는 적잖은 차이가 존재하는 것으로 보인다.

시청과 교회에서 알리는 14시 종소리를 들으며 다시 발걸음을 Ribadeo

를 향해 옮긴다. 아귈레이로 해변(Playa Aguileiro)을 지나 건너편 엔트레해변(Entreplayas 엔트레파야스)을 비켜지나면서는 줄곧 해안의 드넓은 초원 길을 걷는다. 해안과 나란히 걷는 길이라 해도 해안 쪽 초원의 작은 둔덕들이 바다의 조망을 가로막고 있다.

그럼에도 바다처럼 넓디넓은 초원이 가슴을 뻥 뚫어주는 듯 마음은 시원하다. 15시경 16km 지점 코르나요*Cornallo* 마을 인근 길가 공동 빨래터(Lavadero) 앞에서 잠시 발걸음을 멈추고 무념무상에 잠겨본다. 라바데로(Lavadero)는 더 이상 사용되지 않는 과거의 유물이 되었지만, 어느 마을에서나 잘 보존되고 관리되고 있어 보인다.

이후 비야밀Villamil을 지나고 산타 가데아Santa Gadea 마을을 지날 때 목초지에서 단체로 낮잠을 즐기는 듯한 젖소 무리를 본다. 시에스타(Siesta)를 즐기는 스페인 가축다운 모습이 아닐 수 없다는 생각이 절로 든다. 또한 들판에 세워져 있는 판석에는 달팽이가 다다닥 붙어있다. 식용이 가능할 듯한 사이즈가 큰 달팽이라 놀랍다.

이들 마을을 지나고 구릉지형을 올라 페나론다 해변(Playa de Penarronda)이 조망되는 전망대 같은 산 로렌조(San Lorenzo) 예배당 공원에 이르는데, 이때 시각이 15시 40분가량이고 18km를 넘어선 지점이다. 그곳 주차장에는 해변에 내려가 서핑보드를 즐기려고 준비에 부산한 가족들의 모습이 신선해 보인다. 노는 데는 아이들이 역시 1등이다. 먼저 준비를 마치고 어른들을 기다리고 있다.

내려선 페나론다 해변 인근에는 캠핑장과 방갈로우(Bangalow) 시설들을 갖추고 있고, 전망대나 주변에서 이곳으로 나무데크 길이 설치되어 있

는데, 스페인의 방갈로우는 우리나라처럼 수변에 지은 간단한 목조 구조물이 아니고 번듯한 리조트 같은 개념인 듯하다.

해변을 등지고 살세도*Salcedo* 마을을 지나는데 향긋한(?) 냄새를 풍기는 똥거름 차가 어느 농가로 들어간다. 한동안 유심히 살펴보니 차량에 있는 긴 관을 농가 지하 분뇨장에 넣어 분뇨를 빨아들여 탱크에 싣고 있는데, 이 모두 차 안에서 기기 조작을 하는 차량기사 한 사람에 의해 자동으로 이루어지고 있다.

우리나라가 이미 경제 규모에 있어 스페인을 앞섰다고는 해도 적잖은 부분에 있어서는 스페인을 따라가야 할 부분들이 많은 것 같다. 어느 갈림길에서 필자가 갈 길을 찾기 위해 머뭇거릴 때, 어느새 똥거름을 채워서 나온 똥거름 차의 기사가 순례길 방향을 알려주고는 반대 방향으로 달려 멀어져 간다.

　이윽고 다리 건너로 리바데오가 보이는 대교 앞 산토스 다리(Puente Santos, 푸엔테 산토스) 공원에 이르니 16시 50분가량인데, 건너편 바다 쪽 해안 벼랑의 모습이 절경이 아닐 수 없다. 벼랑 해수면에는 파도의 침식에 의한 동굴도 보인다. 페르난도가 메신저로 가보라고 알려온 이 근처의 명소인 카테드랄레스 해변(Playa de las Catedrales)보다는 못 하겠지만, 암튼 이 역시 흔히 볼 수 없는 풍광이다.

　다리를 건너서 리바데오 쪽에 이르니 건너편 남쪽 내해(內海) 방향으로 피게라스(Figueras) 항구도 눈에 들어오고 리바데오 안쪽으로 마리나(Marina) 항도 시야에 잡힌다. 건너온 푸엔테 산토스 다리 중간에서 아스투리아스(Asturias) 자치주와 갈리시아(Galicia) 자치주 간의 경계가 나뉘지만, 양쪽 모두 조화롭게 아름답다. 암튼 바스크(Basque) 지방에서 시작하여 칸타브리아(Cantabria) 지방, 아스투리아스 지방 등을 거쳐서 드디어 산티아고 콤포스텔라*Santiago de Compostela*가 소재한 갈리시아 지방으로 들어선 것이다.

갈리시아(Galicia) 자치주 리바데오의 순례자 숙소에 손쉽게 체크인하면서 뭔가 특별한 느낌의 일정을 마치고는 인근 대형 마트 가디스(Gadis)에서 대구알(Huevas de Merluza) 250g과 다듬은 볼락(Filete de Gallineta) 90g을 사서 끓인 매운탕으로 모처럼 칼칼한 고향의 맛도 실컷 누린다. 가격은 합쳐서 4,500원도 안 되는 가격이지만, 포장은 아주 세련되고 위생적이다. 이미 호스트가 먹어보라고 준 병아리콩 스튜를 맛본 후였지만 역시 밥배는 따로 있는 것 같다. 내일은 보다 힘을 낼 수 있지 않을까 절로 기대를 해보게 된다.

참고로 앞에서 소개한 바와 같이 스페인에는 놀랍게도 흙마늘(Ajo Negro, 아호 네그로)이 유통되고 있었고, 힐다(Gilda)라는 고추·멸치·올리브 등의 피클 꼬치, 마늘이 들어간 으깬 감자 요리(Patatas Alioli Gallenga , 파타스 알리올리 갈렌가), 고추가루를 뿌린 삶은 문어 요리 (Pulpo a Feira, 풀포 아 페이라), 매운 초리소 소시지(Chorizo Picante, 초리소 피칸테), 해물이나 육류가 들어간 쌀밥 요리인 빠에야 등등처럼 대체로 한국인 식성에 어울리는 음식들이 있어서 유럽 여느 나라들 음식에 비해 스페인 음식 문화가 우리에게 친근하다 하겠다. 쌀 경우 다른 유럽 국가와 달리 현미(Arroz Integral, 아로즈 인테그랄)도 쉽게 구할 수 있음을 염두해 둘 필요가 있다.

맵핑 경로

La Caridad ~ Ribadeo	
Day 27	23.66km
누적 거리	687.61km

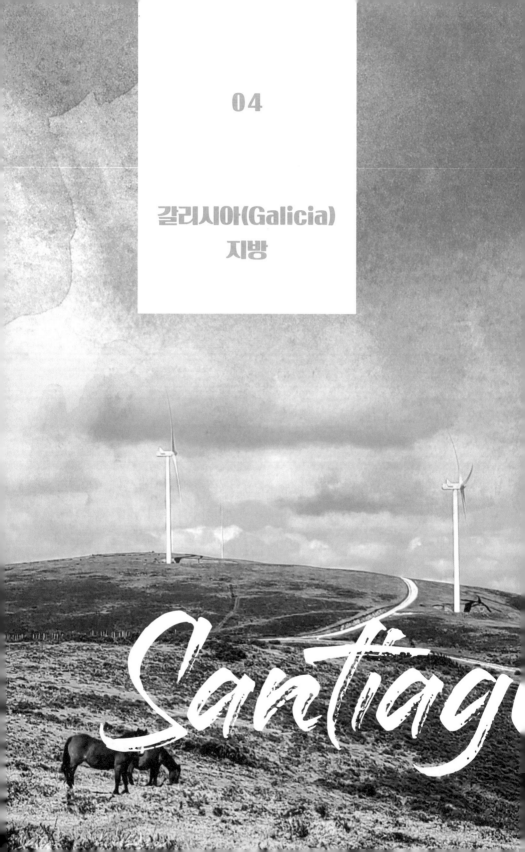

04

갈리시아(Galicia)
지방

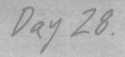

2022. 04. 01.

Ribadeo ~ Lourenzá 로렌사

우박비가 쏟아진 궂은 날씨이지만

이에 아랑곳 않고 필자의 발걸음은 여전히 경쾌하고도 힘차다

그동안 바스크(Basque) 광역자치주에서 시작하여 칸타브리아(Catabria), 아스투리아스(Asturias) 광역자치주를 지나왔고, 어제는 푸엔테 산토스(Puente Santos) 다리를 건너 리바데오*Ribadeo*에 입성하면서 갈리시아(Galicia) 광역자치주로 들어섰다.

오늘은 리바데오를 떠나 로렌사*Lourenzá*로 향하면서는 바다와 멀어지며 점차 내륙으로 들어가게 될 것이고, 8개 거점 마을들을 지나 28km가량을 진행할 예정인데, 해발 최고 370m가량 구릉지를 오르는 등 부침이 적잖은 힘겨운 일정으로 예상되기에 경우에 따라서는 기착지가 조정될 수도 있을 것이다.

리바데오를 벗어나기 전에 먼저 스마트폰 충전기 구입과 먹거리들을 구

Ribadeo			27.53KM
Lourenzá			EDIT
🚶 8.29	🏔 19.24	⤵ 751.21	⤴ 792.66

	Ribadeo
6.44 KM	
	Vilela
1.80 KM	
	Vilar
1.56 KM	
	O Esfolado
1.25 KM	
	A Ponte
5.40 KM	
	Villamartín Pequeño
2.16 KM	
	Villamartín Grande
2.36 KM	
	Gondán
1.73 KM	
	San Xusto
4.82 KM	
	Lourenzá

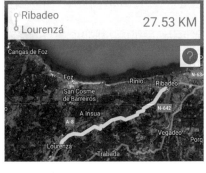

입한 이후 10시 30분 남짓된 시간에 본격적인 순례 여행을 시작하게 되는데, 오늘 일정을 감안하면 다소 늦은 시간 같다.

리바데오를 벗어나 산림 지역으로 들어설 무렵 우박을 앞세운 비가 쏟아지기 시작한다. 이렇듯 순례 여행 중 쏟아지는 비는 주로 비를 피하기

어려운 곳을 지날 때 주로 내리는데, 마치 순례길은 시련의 길이라고 일깨워 주는 듯하다. 하지만 필자 역시 이에 개의치 않고 이런 상황조차 즐기고 있다. 시련은 극복을 통해 보다 강해지라는 절대자의 숨은 뜻이 있다고 여기기 때문이다.

산림지대를 넘어선 바린*Valín* 마을 버스 정류장에 잠시 비를 피하고 나서야 비로소 비가 멈춘다. 이때 시간이 11시 20분이 가까워 오고, 약 6km 거리이다. 볼일을 위해 리바데오 시내에서 2.5km 거리를 움직인 것을 감안하면 실제는 3.5km 정도를 이동한 것이고, 따라서 총 30km 정도의 여정을 이어가야 예정된 기착지에 당도하게 될 것 같다.

리바데오부터 시작되는 갈리시아 지방에는 순례길 곳곳에 산티아고까지 잔여 거리가 표시된 표지석이 있다. 지금 이곳 표지석은 산티아고까지 185.038km가 남았음을 알려준다. 비와 상관없이 갈증도 해소할 겸 정류장에서 20분간 호흡을 가다듬은 후 구릉지 작은 부락들을 지나고 12시경 8km를 넘어선 비엘라*Vilela* 마을도 지나면서는 다시 유칼립투스 산림 임도 길에 들어서게 되고, 10km 남짓 지점에서 잠시 빌라르*Vilar* 마을을 지나고는 다시 만난 유칼립투스 숲길을 통과해 산간 마을 에스폴라도*Esfolado*에 이른다.

에스폴라도 마을에는 변형된 형태의 곡물 저장 창고 오레오(Hórreo)가

눈에 띈다. 다리로 받쳐진 대신에 2층으로 지어진 모습이었던 것인데, 마찬가지로 쥐의 접근을 허용하지 않도록 1층과 2층 사이에는 넓은 판석이 놓여져있고, 2층으로 오르는 계단 역시 2층 창고와 맞닿아 있지 않게 설계되어 있다. 아마도 1층은 농기구 보관이나 수리 창고로 사용하기 위함일 것이다. 또한 가지 지붕 위에는 도깨비 뿔 모양의 돌들이 세워져 있던데 그 의미를 알 수 없다. 에스폴라도에서

고개를 넘어 내려간 골 지형에 있는 아 폰테*A Ponte* 마을에서 쉬어가기로 한다. 13시이고 13km 지점으로, 이곳에서 비야마르틴 페케뇨*VillaMartin Pequeño*까지는 해발 110m에서 370m 고도까지 급격하게 올라야 하기에 에너지도 보충하며 호흡을 가다듬어야 하기 때문이다. 40분가량 휴식과 식사 중에 제법 바람도 세차게 불어 기온도 떨어지고 있는 듯하고, 체온 역시 식으며 서늘함에 몸이 움

츠러들기 시작한다.

체열을 발생시키기 위해 오르막길에서도 헉헉거리며 걸음을 재촉해 보는데, 설상가상으로 이번에도 예외 없이 마을을 벗어난 광야에서 비를 뿌려대기 시작한다. 이번에는 빗줄기마저 굵어서 바지를 적시기 시작하지만, 우비 바지를 껴입을 마땅한 장소가 없어 허리를 최대한 숙여 바지가 젖는 것을 최소화하려고 애쓴다.

멀리 보이던 산간 마을 창고로 피신해 들어가서야 비옷 바지를 덧입고 숨을 돌리는데, 맙소사 순례길에서 다소 벗어나 있다. 경황 없이 창고로 찾아드느라 불가피한 측면도 있었던 것 같다. 창고에 다행히 전기 콘센트가 있어 핸드폰 충전도 하며 다소 심신의 안정을 취한다.

손도 시려운 악조건에서 다시 출발하는데 시각은 14시 20분가량이고, 14km 남짓 진행한 지점이다. 힘겹게 많이 더 올라야 하는 것을 알고 있는 상황에서 종전에 아 폰테 마을을 지나올 때처럼 내리막길로 내려가게 될 경우에는 때론 낙심스럽기도 하다. 내려가는 만큼 더 올라가야 하기 때문이다. 지금은 계속 오르기만 해서 오히려 다행스럽다.

드디어 무리 없이 제일 높은 고개를 넘어선다. 15시경 17.5km 지점으로 이곳까지의 숲길은 대부분이 잘 조림된 유칼립투스 산림을 지난다. 스페인의 유칼립투스는 백여 년 전에 호주로부터 이식해 왔지만, 마치 원산지가 아닌가 싶을 정도로 이곳 산림의 주종을 이루고 있다.

고개를 넘어선 길가 도랑에는 녹지 않은 눈, 우박 등이 이날의 궂은 날씨를 생생하게 증언해 주고 있다. 그럼에도 시련 속에서 오히려 연마되는 듯 필자의 발걸음은 오히려 더욱 경쾌하고 힘차다.

연이어 구릉골 건너편 구릉마루에 위치한 비야마르틴 그란데*VillaMartin Grande* 마을에 오른다. 이날 두 번째로 높은 해발 350m 지대인데, 이곳 마을 창고에서 농기구를 진지하게 손질하는 농군의 모습에 시선이 이끌린다. 이런 모습에서 스페인의 농군들은 대체로 엔지니어와 다를 바가 없다고 여겨진다. 넓은 농지를 주로 중장비나 농기계를 다루어 경작하기 때문이다. 암튼 이 마을을 넘어설 시간은 15시 45분이고, 거리는 약 20.5km이다.

순례길이 지속될수록 오히려 걸음걸이에 탄력이 붙어서 방금 전 23km 지점 곤단*Gondán* 마을을 지날 때는 평속이 시속 4.8km에서 4.9km로 빨라지고 있는데, 16

시 15분경이다. 오늘 잔여 거리가 최장 7km 정도 남은 듯하다. 중간에 쉬는 시간을 감안해도 18시 전후해서 일정이 매듭지어 질 것 같다.

마지막 넘어설 고개가 산 수스토San Xusto 마을 뒤로 보이는데, 굳이 템포를 늦추지 않고도 무난하게 올라서 고개마루를 넘어설 때가 17시 좀 안 되었고 26.5km 지점이다. 그 과정에서 벌목한 유칼립투스 목재를 운반하는 차량을 보게 된다. 이 나무가 북부 지방 지역 경제에 적잖게 기여하고 있어 보인다.

유칼립투스 숲길을 벗어난 로렌사 마을 어귀에서 우비를 벗어내고 땀을 좀 식히는데 금새 서늘해진다. 17시 20분가량이고, 28.5km를 진행한 지점으로, 이곳에서 여행 일지를 기록하느라 20분가량 숨을 고른다. 비탈길을 내려가 로렌사로 진입하기 직전에 들판에서 트렉터를 운전하며 농사일로 분주한 농민을 보게 된다. 자세히 보니 풀이 자라난 들판에 트렉터로 씨를 뿌리고 있는 중이다. 무슨 작물의 씨앗이길래 갈아엎지도 않은 밭에 씨앗을 바로 뿌리는지 모르겠다. 암튼 생명력이 강한 작물인 것만은 분명한 것 같다.

마을에 진입하자마자 순례자 숙소가 보인다. 그럼에도 이를 지나쳐 갈리시아 지방정부에서 운영한다는 공영 숙소를 가보지만 운영을 안 하고 있어서 처음에 지나쳤던 숙소 알베르게 사보이르(Albergue Savoir)로 되돌아와 다행히 체크인하게 되는데, 숙소 환경도 그동안 이용해 본 여타 순례자 숙소 못지않게 훌륭하다. 잘 갖춰 진 주방 설비 덕분에 인근 마트 가디즈에서 구입해 온 식재료로 준비한 등심구이와 샐러드 외에 도 현미밥과 소고기 미역국 등으로 한상을 차려 배불리게 된다.

식후 여유로워진 시간에 친절한 주인에게 당일 지나온 갈리시아 지방의 마을들에서 공통적으로 만나온 오레오 지붕 위에 세워진 뿔들의 의미를 물었더니 오레오를 건축한 건축가가 남긴 일종의 표식 시그니처(Signature)라고 하면서 자신의 알베르게 건물도 자신이 석판과 목재를 이용해 직접 지었고, 석판을 쌓아올려 세워진 실내 벽면에 시멘트를 바르지 않은 채 그대로 놓아둔 것 역시 자신의 시그니처라고 한다. 이번 순례 여행에서는 3년 전 포루트갈 순례길 카미노 포르투기스(Camino Portuguese) 순례 여행에서 느껴보지 못한 다양한 생활 문화도 적잖게 경험하게 되는데, 아마도 이는 아는 만큼 보이는 것처럼 순례 여행 초보자와 유경험자 간의 차이가 아닐까 싶다.

오늘은 악천후 속에서도 처음부터 끝날 때까지 한결같은 속도를 유지하며 약 30km 거리의 일정을 소화했는데, 무려 시속 4.9km나 되는 놀라운 페이스가 18시 이전 적당한 시간에 숙소에 이를 수 있게 해주었다. 이처럼 순례 여행이 거듭될수록 단단해지고 있는 반면, 갈리시아 지방으로 넘어와서부터 수백 미터 간격으로 있는 이정표마다 잔여 거리가 표기되어 있어서 이미 산티아고 데 콤포스텔라*Santiago de Composteia* 입성까지 카운트 다운에 들어간 듯하다.

맵핑 경로

Ribadeo ~ Lourenzá	
Day 28	29.95km
누적 거리	717.56km

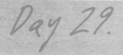

2022. 04. 02.

Lourenzá ~ As Paredes

오늘까지 연속해서 4일째 숙소 손님은 필자가 유일하다.

코로나 시기에 숙소 운영자들은 천사 같은 존재가 아닐 수 없다

원래 정해진 일정은 곤탄Gontán까지 21km 정도이나 아스 파레데스As Paredes까지 28km가량을 진행해 볼까 한다. 이미 3일 전부터 전날 밤까지 3일간 순례자 숙소에 순례자는 오로지 필자 혼자만이었다. 아마 산티아고 전까지 거의 비슷한 양상이 아닐까 싶다.

대신 뒤따라 오고 있는 페르난도 등의 순례 여행 친구들은 대체로 필자가 이용했던 숙소들을 이용하며 따라오고 있다. 페북에 포스팅한 필자 여행기를 그들이 참고하거나 필자가 메신저로 알려준 정보에 따른 것이다. 하지만 필자가 전날 이용한 알베르게 사비오르(Albergue Savior)는 그들이 오늘 이용하기는 아마 어렵지 않을까 싶다. 하루 이동하기 만만치 않은 거리이기 때문이다.

그동안 이용했던 순례자 숙소 중에 가장 청결하게 관리되고 시설도 훌륭한 알베르게 사비오르는 놀랍게도 숙소 주인이 3년 동안 판석들과 목재를 이용하여 직접 건축했다고 한다. 심지어 조경과 조각 장식 등 모두 주인 아저씨가 직접 꾸미고 만들었다고 한다. 그동안 순례 여행하면서 지나온 마을 곳곳마다 톡특한 생활미술로 아름답게 꾸며진 모습들은 이곳 순례자 숙소 주인 같은 주민 분들이 손수 만든 작품들임을 짐작케 하는데 스페인 주민들 대다수가 실용 예술가가 아닐까 싶다.

그나저나 유럽은 3월 27일부터 서머타임을 시작하여 한국과 시차가 8시간에서 7시간으로 줄어들었다. 따라서 오전 8시까지는 그다지 환하지 않다. 또한 갈리시아 지방으로 넘어와 내륙으로 들어갈수록 계절이 거꾸로 가는 양 날씨도 추워지고 있다. 현지 일기예보를 보니까 영하 3~4°까지 내려가는 날들도 있다. 따라서 배낭 깊숙이 넣어두었던 내복을 다시 꺼내 챙겨 입게 된다.

구름 사이로 햇살은 환히 비추고 있는데 부슬비는 내리고 있는 오묘한 날씨 속에 9시 50분경 순례 여행을 재개한다. 마을 중심에 있는 로렌사 시청(Concello de Lourenzá)과 그 옆 산 살바도로(San Salvador) 수도원을 지나 마을을 채 벗어나기 전 우측 산자락을 올라 로렌사*Lourenzá*와 멀어지고는 유칼립투스 산림이 빼곡한 고개를 넘고 고속도로 밑을 지나 산골 마을 산 페드로*San Pedro*를 경유하게 되는데, 이때가 10시 50분을 좀 넘어섰고, 약 5km 거리이다.

마땅히 쉴 곳이 없어 그냥 마을을 지나친다. 마을 어귀에서 돌담길을 지나 다시 숲길로 들어서며 여러 작은 산골 부락들을 거치며 갈리시아 지방의 색다른 오레오(Hórreo)들도 많이 만나게 된다. 4다리 위에 올라선 모습이 아니고 골목 양쪽 담벼락 위에 놓여져 오레오가 마치 부락을 들어서는 관문 포탈(Portal)처럼 보이기도 한다.

예전 포르투갈 순례길(Camino Portuguese)을 경험할 때 갈리시아는 스페인이 아니라며 독립을 외치는 낙서를 좀 본 적이 있는데, 갈리시아 자치주도 좀 색다른 문화적 성격을 띠고 있는 듯하다. 언어 역시 앞에서 한 번 언급한 것처럼 스페인 방언과는 다른 차원의 독립적인 갈리시아어가 있는 듯하다. 일례로 시청이 스페인어로는 아윤타미엔토(Ayuntamiento)인 반면, 갈리시아어로는 콘세요(Concello)로 스페인어와 전혀 다르다. 바스크어로 시청이 우달레체아(Udaletxea)인 것처럼 완전히 다른 것이다.

11시 50분을 넘어선 9.3km 지점의 몬도녜도 *Mondoñedo* 마을에 다다르게 되는데, 참고로 로렌사에서 몬도녜도에 이르는 순례길은 산 로센도 네이쳐 트레일(San Rosendo Nature Trail)이라는 명칭의 자연 마을길이기도 하다. 암튼 몬도녜도는 대성당이 있는 도시 수준의 마을이다. 몬도녜도 대성당 주변 벤치에서 긴 휴식을 취하고 있는데, 대성당 앞에는 울트라 마라톤 피니쉬 라인이 설치되어 골인하는 선수들을 환영해 주고 있다. 골인 기록이 6시간 45분을 넘어서는 것으로 봐서 상당한 거리의 산악 울트라 마라톤이 아닐까 싶은데도 골인하는 선수들의 모습엔 그다지 힘든 기색이 보이지 않는다.

이들 모습을 통해 인간의 위대함이란 기록처럼 정량적인 것이 아닌 자신의 한계에 도전하여 성취해내는 의지로 평가되는 게 아닌가 싶다. 목적하는 것이 그 무엇이든 이를 위해 흘리는 피와 땀이 진정 가치 있는 것이고, 그러한 모습이야말로 인간에게 있어 가장 아름답고 숭고한 것이 아닐까 싶다는 생각이 든다.

다소 구름 낀 날씨에 간혹 햇살도 비춰지는 날씨인데 50분가량 쉬고 있으려니 손도 시렵고 체온도 점차 식어간다. 따라서 체온이 더 식기 전에 갈 길을 서두르게 된다. 다음 포스트마을 곤탄까지는 12km 거리이고, 해발 700m가량의 산도 넘어야 한다.

몬도녜도를 벗어나는 과정에서 치유의 성모 성당(Igrexa da Nosa Senora dos Remedios)을 지나게 되는데, 성당을 포함해 주변의 건축물들의 규모나 세련미가 놀랍다. 불과 4,500명 정도의 마을인데, 아주 짜임새 있고 품격 있는 도시의 모습을 갖추고 있는 것이다.

14시가 다소 안 된 시간 14km 채 못 미친 해발 460m 지점에 와있다. 이곳까지는 예상보다도 심한 급경사가 지속되었다. 30분 전쯤에 산 초입에서 똥거름차를 지나친 이후부터 무려 경사도 25~30°를 넘나드는 가파른 경사로를 마치 노르딕 스키를 지치듯 폴대와 발걸음을 엇박자로 내딛으며 쉼없이 헉헉거리며 올라왔다. 힘들다고 쉬어 버릇하면 세월아 네월아 하게 되면서 더 오래 시간 힘든 과정을 감당해야 하기 때문이다.

잠시 둔덕에서 쉬어가지만 앞으로도 표고 차 250m 전후는 더 올라가야 한다. 로렌사를 넘어오면서 아득히 멀게 보였던 풍력발전기가 이제는 바로 턱 위에서 필자를 내려다보며 돌아가고 있다. 참, 앞서 똥거름차가 지날칠 때 구수한 향기(?)가 안 느껴져 의아했는데, 아마도 유칼립투스 향기가 똥거름 냄새를 상쇄시켰던 것 같다.

15시 50분 남짓 15.5km 지점의 가장 높은 언덕을 그다지 힘들지 않게 넘어선다. 이전 구간과 달리 길이 다소 좌우로 구비지며 경사도가 다소 완만해졌기 때문이고, 30분가량 휴식을 취하며 섭취한 음식물을 통해 흡수된 물과 당분이 에너지 대사를 도와주었기 때문이기도 할 것이며, 또한 오버페이스 없이 몸과 마음이 하나가 되면서 호흡과 걸음이 조화로웠기 때문이기도 할 것이다.

이후 구릉마루 평원에서 해발약 680m 고개 두 개를 넘어내려서 22km 지점 곤탄 마을에 이르니 16시 10분가량이다. 그 과정에서 구릉마루 초원을 앞마당 삼아 노닐고 있는 야생마 무리도 목격할 수 있었고, 붉은 복면을 한 카우보이를 만나기도 했는가 하면, 이후 목동 역할을 하는 셰퍼드(Shepherd) 개와도 맞닥뜨렸는데, 당시 으르렁거리며 다가왔던 목동 개의 처치는 의외로

간단했다. 아무렇지 않게 다가오는 개와 눈을 마주하며 '너 나에게 무슨 볼일 있니? 왜 그렇게 흥분해서 난리냐?'라고 얘기하는 듯 동요 없는 표정을 보이니까 셰퍼드 개 역시 태도를 바꿔서 마치 '아냐, 그냥 와봤어. 좀 심심해서…. 순례 여행 잘하라고 응원해 주려고….'라고 얘기하듯 짖음을 멈추고 순한 양이 되어 물끄러미 바라볼 뿐이었다.

이곳 곤탄에서 아스 파레데스*As Paredes*의 숙소까지는 대략 10km 거리로 확인된다. 이미 숙소에 전화하여 숙소가 운영 중인 상황을 확인했기에

마음 편히 30분가량 휴식을 취한 후 출발할 예정인 만큼 아마도 18시 전
후한 시간에 도착이 가능할 것 같다.

곤탄 마을에 잠시 쉬는 동안에도
유칼립투스 목재를 나르는 수송차
량을 또다시 목격한다. 유칼립투스
나무는 곧고 우람하게 빨리 성장
하여 경제성이 뛰어난 수종이라서
스페인 북부 해안 구릉지에는 온
통 유칼립투스 나무가 조림되어 있
음을 확인해 왔다. 게다가 이 나무
는 목재용 외에도 제지나 의약용으
로도 활용된다고 한다. 따라서 유
칼립투스 나무가 이 지역 경제에
차지하는 비중이 적잖을 것으로 미루어 짐작된다.

실개천과 언덕으로 이어진 옆 마을 아바딘Abadín을 지날 때 슈퍼마켓
(Spar)가 있어 잠시 장을 볼까 머뭇거리다가 그냥 지나친다. 배낭이 지나치
게 무거워질 것을 우려해서이지만 이 판단은 큰 후회로 되돌아오게 된다.

이후 숲속 실개천을 큐티한 목재 다리로 건너 인적을 느낄 수 없는 산
골 작은 마을 폰테록살Ponterroxal을 지나게 되고는 다시 카사노바Casanova
마을을 멀찌감치 우회하면서 유칼립투스 산림 임도를 지나게 되는데, 이
제는 유칼립투스 수종이 다소 식상한 느낌마저 들게 한다.

그리고는 고속도로 절개지 위를 지나는 오버 브릿지를 통해서 아스 파
레데스 마을에 들어서게 되고, 곤탄 마을에서 전화해 놓은 숙소 오 시스
트랄(Albergue O Xistral)에 이르러 일정을 마친다. 오늘 출발 당시 예상했

던 거리 수준인 28.58km이고, 시간은 18시가 채 안 된 시각이다.

오늘도 이 순례자 숙소에는 필자 혼자이다. 미리 주인에게 전화를 안 해놓았다면 어려운 상황을 맞았을지도 모를 일이었다. 사전 통화 덕분에 시간 맞춰 주인이 미리 와서 체크인을 해주었는데, 문제는 이 마을에 슈퍼마켓도 없고, 레스토랑도 없다는 사실이다. 주인에게 저녁 식사거리가 없다고 하자 순례길 최고 등급의 숙소 호스트답게 렌틸콩으로 수프를 끓여주시고, 샐러드와 우유쌀밥(Arroz con Leche)도 챙겨주신다. 여기에 챙겨온 라면과 찬밥을 더해 저녁으로 대신하지만 그럼에도 많이 아쉬운 저녁 식사일 수밖에 없었다.

이미 4월에 접어들었으니 산티아고 순례길 시즌이 시작된 것이다. 그럼에도 여전히 운영 중인 순례자 숙소를 찾는 데는 어려움이 많다. 아마도 Covid-19 여파가 여전하여 숙박 수요가 예전 같지 않다 보니 숙박업소들의 임시 휴업이 길어지고 있는 듯하다. 그나마 운영을 하고 있는 순례자 숙소들도 수지를 맞추기 어려울 것이다. 순례자 숙소에 오늘까지 4일 연속 필자 홀로이고, 25일 차 트레킹을 하고 머물렀던 항구도시 루아르카*Luarca*에서도 베른트와 필자뿐이었던 것을 포함하면 5일 연속인 셈이다.

오늘 숙소 경우만 해도 필자 때문

에 주인이 번거롭게 차로 10여 분 달려와서 체크인해 주고는 자신의 집으로 돌아갔다. 넓은 거실에 석유 난로가 있는데, 세팅해 놓은 제한된 시간에 자동으로 켜지고 꺼지는 방식으로 가동되고 있고, 온수 보일러는 풀타임으로 가동되고 있는 반면에 필자가 지불한 요금은 달랑 15유로에 불과하다. 어려운 시기에 숙소를 제공해 주는 호스트는 천사가 아닐 수 없다.

끝으로 오늘도 오버 브릿지로 건너온 고속도로는 알고 보니 아우토비아 델 칸타브리코(Autovía del Cantábrico)이다. A-8 아우토비아(Autovía)라고도 한다. 이는 내일 기착지인 바몬데*Baamonde*에서 이미 지나온 리바데오*Ribadeo*, 아빌레스*Aviles*, 히혼*Gijon*, 산탄데르*Santander* 그리고 빌바오*Bilbao*까지 이어지는 스페인 북부 지역의 대동맥인 것으로 확인되는데, 빌바오에서는 다른 고속도로와 연계되어 프랑스까지도 이어진다고 한다. 언젠가 자동차로 이 고속도로를 달리며 카미노 델 노르테(Camino del Norte)를 회상해 볼 날도 오지 않을까 싶다.

맵핑 경로

Lourenzá ~ As Paredes	
Day 29	28.58km
누적 거리	746.14km

Day 30.

2022. 04. 03.

As Paredes ~ Baamonde

대체로 오전보다 오후에 순례 여행 초반보다 후반에
더욱 힘을 내고 있다. 필자 인생 역시도 이러하기를 기원해 본다.

오늘은 15km 거리의 비랄바*Vilalba*까지만 가거나 아니면 대략
34km 거리의 바몬데*Baamonde*까지 가야 한다. 그 두 마을 사이에는 숙소
가 없기 때문이다. 따라서 바몬데까지 가는 것은 불가피한 선택인 듯하다.

페르난도가 아침에 메시지로 소식을 알려왔다. 로렌사*Lourenzá*에서 필자
가 묵었던 숙소 알베르게 사보이르(Albergue Savoir)에 머무르며 실비아와
그라나타(Granada)에서 온 두 청년 등과 함께 저녁을 맛있게 해 먹었다고
한다. 그는 충실히 1 데일리 스테이지(Daily Stage) 뒤에서 따라오며 필자
가 주는 정보를 잘 활용하고 있는 것이다. 어제 그가 트레킹하면서 만난
무지개를 찍은 동영상도 보내왔다. 지리적 차이로 필자는 경험하지 못한
자연의 모습이다.

| | As Paredes (Castromaior) Baamonde | 33.53 KM |
| | EDIT | |

🏃 17.68   🏃 15.85   ⤓ 540.60   ⤒ 473.29

2.95 KM	○	As Paredes (Castromaior)
6.25 KM	○	Martiñán
5.59 KM	○	Goiriz
5.65 KM	○	**Vilalba**
2.25 KM	○	A Torre
10.84 KM	○	Puente de Saa
	○	**Baamonde**

As Paredes (Castromaior) Baamonde   33.53 KM

비록 순례 여행은 혼자 하고 있지만 이렇듯 마치 페르난도와 함께하고 있는 듯한 느낌이기도 하다. 서로 확인한 우리의 바람대로 아마도 산티아고 데 콤포스텔라 광장에서 만나 뜨거운 포옹을 하게 될 것으로 기대된다. 그는 순례 여행 12일 차 숙소 페우토(Peuto) 할아버지 알베르게에서 만난 이래 여행길에서만 여러 차례 만났을 뿐 그 이후 한 번도 같은 숙소에 머무른 적이 없는 친구이지만 유독 만날 때마다 기분 좋아지게 하는 유쾌한 친구이다. 한국을 유독 좋아한다는 그의 여친 때문에 자신 역시 한국에 대해 관심이 많다고 밝혀왔기 때문이기도 할 것이다.

다시 생각해 보니 17일 차 야네스*Llanes*의 숙소 알베르게 라 에스

타시온(Albergue La Estacion)에서 한 차례 함께 머무른 적은 있었다. 그는 보통 오후 2~3시면 체크인 해서 일찍 저녁을 먹고 빨리 잠을 청하고 이른 새벽에 일정을 시작하는 체질이라서 당시는 같은 숙소에 있었어도 개인적인 특별한 교집합 시간은 없었다.

9시 10분 넘어서 숙소 문을 잠그고 호스트의 당부대로 우편함 통에 열쇠를 넣어두고 알아서 체크아웃을 한다. 오늘은 어쩐 일로 비를 피할 수 있는 고속도로 밑 터널을 앞두고 비가 오기 시작한다. 2km 지점으로 9시 45분경이다. 배낭에 레인커버를 씌우고 우비 바지를 덧입는다.

전날은 아무리 컨디션이 좋았어도 다음 날 아침 순례 여행을 시작할 때는 몸이 무겁게 느껴질 때가 많다. 아마 워밍업되기 전이라서 그러할 것이다. 하지만 오늘은 출발 때부터 몸이 펄펄 나는 느낌이다. 아침에 넉넉히 마신 커피 영향으로 교감신경이 활성화되고 심장박동이 빨라지며 터보엔진이 가동되고 있기 때문인 듯하다.

10시 30분경 5.5km 거리를 넘어선 지점에서 생리현상을 해결하기 위해 걸음을 멈춰선다. 커피의 이뇨작용 때문이다. 커피의 카페인은 각성 효과로 수면에 지장을 초래하는 것 이외에도 신체 말단 혈관을 수축시켜 남성력을 약화시키기도 하기 때문에 연인들의 사랑 행위를 방해할 수도 있음을 참고해 둘 필요가 있을

것이다. 암튼 커피와 비포장 시골길 덕분에 평속 5.5km라는 놀라운 속도
로 진행하고 있다.

　오늘따라 견공들을 자주 만나는데, 만나는 견공들마다 친근하게 달려
들지만, 필자가 줄 선물은 오로지 그들에게 스킨십을 해주는 것 말고는
없다. 집 안에서 낯선 필자를 내다보며 멍멍 짖던 개들조차 괜찮다고 필자
가 손을 들며 화해의 몸짓을 보이는 순간 신기하게도 짖음을 멈춘다.

　12시가 될 무렵 당도하게 된 비랄바 *Vilalba* 초입에서 슈퍼마켓 가디스
(Gadis)가 필자를 맞이해 준다. 간단히 먹을 점심거리를 이곳에서 마련
하고는 이내 이르게 된 비랄바 성당 앞에서 놀라운 능력을 발휘하고 있
는 다리를 쉬게 하며 에너지를 보충한다. 무려 시속 5.6km의 속도로

14.5km를 달리듯 지쳐온 것이다.
30분간 재충전 이후 오늘 기착지
인 바몬데로 향하려는데 성당에서
13시 종소리가 울린다.

　참, 성당으로 오는 길에 태권도
장을 확인할 수 있었다는 점을 언
급하지 않을 수 없는데, 비랄바는
갈라시아 광역자치주 루고(Lugo)
지방에 있는 자치단체로, 인구
14,000명 수준의 소도시이다. 이
런 수준의 크지 않은 도시에 태권
도장이 있는 것을 미루어 스페인
전역에 상당한 수의 태권도장이 있
을 것으로 짐작된다 하겠다.

비랄바를 벗어나 먼 발치에서 보이는 비랄바의 모습이 구릉마루 위에 자리잡은 인상적인 모습으로 시야에 들어온다.

현재 지점은 22km 정도를 진행해 온 페드로우쏘스*Pedrouzos*로, 14시 30분경이다. 오는 과정에서 만난 견공들 역시 누가 스페인 개가 아니랄까 봐 역시나 대부분 시에스타(Siesta) 낮잠을 즐기고 있어 보였다. 2시간 점심 시간 오침을 누리는 시에스타는 사실 스페인뿐만 아니라 대부분의 유럽 국가들에서

도 마찬가지로 시행되고 있다. 유럽 주재 한국대사관들 역시도 점심 시간은 모두 2시간이다.

오전에 비해서는 페이스가 다소 저하되었지만, 지칠 줄 모르는 걸음걸이는 꾸준히 활기차게 지속되어 15시 20분경 25.5km가량의 거리에 와있다. 오는 과정에서 시에스타에서 깨어난 견공들이 자신의 역할에 충실하려는 듯 다시 짖어대기 시작한다.

그건 그렇고 며칠 전부터 풀밭에 그렇게 많던 도마뱀들을 전혀 볼 수가 없다. 아직 갈리시아 지방의 도마뱀들은 아직 동면에서 깨어나기에는 다소 이른 시기인 것 같다. 내복까지 입었음에도 땀을 식힐 때는 금새 한기가 늦겨져 오래 쉬기 어렵다.

샤 다리(Puente de Saa, 푸엔테 데 샤)를 건넌 이후 카사스노바스 *Casasnovas* 마을을 지날 때 판석을 세워 울타리를 쳐놓은 집들을 보게 된다. 이 지역에서 판석이 많이 채석됨을 짐작케 한다. 아마도 이런 판석으로 건축물 벽체도 쌓아올릴 것이다. 로렌사 숙소 주택 역시 이런 판석을 쌓아올려 지었듯 말이다.

16시 20분을 넘긴 시각 30km를 넘어선 지점에서 생리현상을 해결하기 위해 걸음을 멈춘다. 카페인은

이뇨작용을 촉진할 뿐만 아니라 이뇨억제 호르몬의 기능까지 무력화시키는지 짧은 간격으로 여러 차례 참을 수 없게 만들고는 한다. 볼일로 잠시 멈춰섰던 마을의 창가 그림이 눈길을 끈다. 외부 장식을 대신한 그림이 마을의 품격을 높여주는 스페인 생활미술의 수준을 보여주는 단면 같다.

이제 기착지까지 3km가 채 안 남은 거리로 10분간 다리를 쉬게 하고 남은 여정을 이어간다. 17시 남짓이면 마치게 될 것 같다. 오늘따라 몇 차례 지나온 고속도로 밑 마지막 터널을 지나고는 고속도로와 나란히 걸으며 둔덕을 올라 고속도로를 내려다보게 된다. 다시 고속도로보다 낮은 위치로 둔덕을 내려와 고속도로를 등지고 이내 바몬데의 순례자 숙소(Albergue Xunta de Galicia, 알베르게 순타 데 갈라시아)에 이르러 오늘 일정을 매듭짓게 되는데, 17시 10분이 채 안 된 시각으로 33km 남짓을 진행해 온 것이다. 오늘 평속이 무려 시속 5.4km였다.

참고로 순타(Xunta)는 갈리시아어로 '함께'라는 의미이다.

　이제 불과 100km 남짓을 남겨둔 순례 여행을 돌이켜보면 대체로 오전보다 오후에 보다 힘을 내고 있고, 순례 여행 초반보다 후반에 더욱 힘을 내고 있다. 이렇듯 필자 인생 역시도 인생 후반에 더욱 힘을 낼 수 있기를 기대해 보게 된다.

맵핑 경로

As Paredes ~ Baamonde	
Day 30	33.31km
누적 거리	779.45km

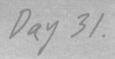

2022. 04. 04.

Baamonde ~ Sobrado dos Monxes

혼자 여행하고 있지만 카미노 친구들과 함께하고 있는 듯하다.

필자 경험이 그들에게 피드백되면서 꾸준히 교감하고 있기 때문이다

바몬데*Baamonde*에서 머문 순례자 숙소 순타(Albergue Xunta de Galicia)에는 전자레인지와 인덕션 등은 있으나 그 외 냄비나 그릇 등 여타 필요한 주방 용품은 전혀 없다. 따라서 인덕션은 그림의 떡, 화중지병(畵中之餠)에 불과하다.

따라서 전날 저녁 식사를 근처 한 레스토랑에서 하게 되었는데, 레스토랑 이름이 'KM 101'이다. 산티아고까지 101km 남았음을 의미한다. 오늘 코스 거리는 무려 40km 정도이고, 이번 순례길 카미노 델 노르테(Camino del Norte)에서 최고 고도인 해발 710m를 넘어야 한다.

우회하는 짧은 옵션길 32km 코스도 있지만, 카미노 델 노르테의 가장 높은 지점을 피해갈 수는 없는 노릇이다. 암튼 필자가 주로 이용하는

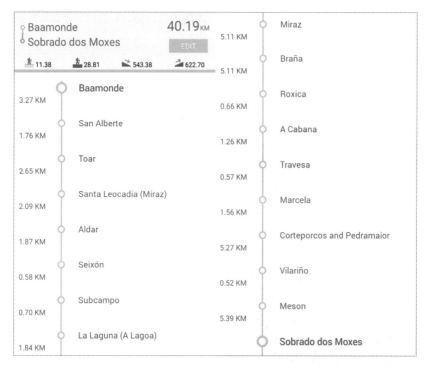

Baamonde		40.19 KM	
Sobrado dos Moxes		EDIT	
11.38	28.81	543.38	622.70

	Baamonde	Miraz
3.27 KM		5.11 KM
	San Alberte	Braña
1.76 KM		5.11 KM
	Toar	Roxica
2.65 KM		0.66 KM
	Santa Leocadia (Miraz)	A Cabana
2.09 KM		1.26 KM
	Aldar	Travesa
1.87 KM		0.57 KM
	Seixón	Marcela
0.58 KM		1.56 KM
	Subcampo	Corteporcos and Pedramaior
0.70 KM		5.27 KM
	La Laguna (A Lagoa)	Vilariño
1.84 KM		0.52 KM
		Meson
		5.39 KM
		Sobrado dos Moxes

Baamonde
Sobrado dos Moxes
40.19 KM

Buen Camino 앱의 일정 설계는 대체로 합리적이지 못하다. 하루 일정 거리가 짧은 코스임에도 난이도가 아주 쉬운 코스가 있는가 하면, 길면서 도 아주 어려운 코스들이 적잖게 설계되어 있기 때문이다. 단지 참고만 할 뿐 이에 연연해 굳이 따라야 할 필요는 없음을 실감해 왔다.

뒤따라오는 순례길 친구들 대부분이 필자가 추천한 대로 전날 머물렀던 아스 파레데스*As Paredes* 마을 숙소 알베르게 오 시스트랄(Albergue O

Xistral)에 머문다고 소식을 전해왔다. 페르난도, 베른트 그리고 실비아 등
등이. 그리고 도리스는 그곳보다 8km 못 미친 곤탄*Gontán*에서 멈추었다고
한다. 가장 부지런하지만 체력적으로는 하루 소화할 수 있는 거리에 다소
한계가 있기 때문일 것이다.

필자가 산티아고 콤포스텔라 *Santiago Compostela*에 먼저 도착해도 하룻밤 머물며 스페인의 서쪽 땅끝 마을 피스테라*Fisterra*에 다녀와서라도 카미노(Camino) 친구들을 만나려 했지만 다소 어려울 수도 있을 것 같다. 페르난도가 토요일인 9일 산티아고*Santiago*에 도착할 계획이라고 전해왔기 때문이다. 그날에 맞춰 그의 여친 나탈리아(Natália)가 마중 오기로 했단다. 필자는 수요일이나 목요일 도착할 예정이기에 금요일까지는 몰라도 토요일까지는 기다리기 어렵다. 영국에 있는 친구를 만나러 하루라도 빨리 가야하는 사정이 있기 때문이다.

　여행 다니면서 그날그날 여행기를 정리하느라 늘 휴식 시간과 수면이 부족해 왔다. 순례 여행하면서는 그 정도가 보다 심한 편이었는데, 이제는 요령이 생겨서 일정을 소화하는 중간중간 쉬어갈 때나 때로는 걸어가면서 여행기를 그때그때 정리하고 있기에 숙소에 이르면 최대한 빨리 마무리 짓고 비교적 여유 있는 휴식과 수면이 가능해졌다.

　그럼에도 불구하고 지난 밤에는 잠을 제대로 이루지 못했다. 전날 아침

출발 전에 마신 다량의 에스프레소(Espresso) 커피와 순례 여행 중 줄곧 마셔댄 커피우유의 각성 효과 때문이다. 오늘이 순례 여행 중 가장 긴 코스이고 가장 높은 곳을 넘어야 하는데 다소 우려스럽지 않을 수 없다.

고속도로와 철길 사이에 자리잡은 바몬드*Baamonde*는 오래된 마을은 아니지만 허름하고 활기 없어 보이는 마을이다. 이런 바몬드 마을을 국도 따라 벗어나며 3km를 걸어서야 남쪽 철길을 건너고, 잇따라 중세산 알베르테 다리(Ponte medieval de San Alberte)를 통해 파르가 강(Rio Parga)을 건너서 숲길로 들어서게 된다. 숲길을 통해 9시 20분경에 다다른 5.5km가량 지점에서 갈림길을 만나게 된다. 정규 길이 옵션 길보다 약 9km가량 길지만 필자의 선택은 자명하다.

오늘은 40km가량 장거리 일정이라 어제처럼 빨리 걷는 것보다는 탈나지 않도록 한결같이 뚝심 있는 걸음걸이가 요구된다 하겠다. 따라서 현재 속도는 시속 4.5km에 맞춰져 있다. 그럼에도 속마음이 급해서일까 10km 지점을 지나면서 잠시 사고를 친다. 먼저 깜빡 순례길을 벗어나게 되고는 되돌아가는 대신에 다시 합류하는 길을 찾는다는 게 이미 지나온 순례길과 합류하는 지점으로 거꾸로 간 것이다. 갈 길이 먼데 최소 1.5km는 헛걸음을 친 것이다.

암튼 산림지대와 구릉지 마을들을 번갈으며 11시 좀 넘은 시각, 13.5km 거리의 세이손 데 아바이소*Seixón de Abaixo* 마을을 지나게 되며 도로에 나와 객사한 두더지를 만난다. 눈이 퇴화된 지하 세계 동물이 지상에 올라와 제 명을 다하지 못하고 최후를 맞은 것이다. 지상이 그들에게는 지옥 같은 곳일 것 같다.

어제까지와 달리 오늘 지나온 마을들 경우 오레오(Hórreo)가 대체로 화려한 모습이고, 돌담 역시 좀 다르다. 어제 지나온 마을들 경우 주로

판석을 이용하여 주택과 담장을 올렸다면 오늘 만난 마을들 경우는 일반 화강암 같은 암석을 사용했다. 아마 두 지역 간에 서로 지질 암반이 다르지 않을까 싶다.

11시 50분경 17km 거리를 넘어선 미라스*Miraz* 마을에 이르며 잠시 걸음을 멈춰 세우고 알베르게에서 운영하는 타베르나 오 아브리고 (Taberna O Abrigo, 선술집 또는 대피소)에 들른다. 슬로바키아 브라티슬라바에서부터 맛 들린 레몬맥주를 마시는데, 스마트폰과 함께 필자 체력 역시 재충전하기 위함이기도 하다.

30여 분간 재정비 후 다시 순례 길을 이어가려는데 그 순간 막 들어서는 독일에서 여행을 온 어느

부부를 맞닥뜨리게 된다. 순례 여행 24일 차 노베야나*Novellana* 순례자 숙소에서 처음 만난 이후 25일 차에 루아르카*Luarca* 항구도시 그리고 전날 바몬드 숙소까지 이미 3번 만났었지만 의례적으로 가벼운 인사만 나눈 사이였다. 그들은 순례 여행객이 아니고 일반 여행객으로 인식되었기 때문이다.

하지만 이제는 독일인 안드레아(Andreas) 부부를 같은 순례 여행객 입장에서 다시 만나게 된 것이다. 따라서 이전과 전혀 다른 친밀감이 느껴진다. 같이 만났던 베른트가 자신들에게 들려준 얘기만으로도 필자를 놀라운 사

람으로 인식하고 있던 그들이었다. 베른트가 얘기하기를 대부분 유럽 사람들조차도 필자만큼 유럽 곳곳을 경험한 사람은 거의 없을 것이라며 부러움을 표시한 바 있었기 때문이다.

이들 부부는 로렌사*Lourenzá*까지는 기차와 버스를 이용한 일반 여행을 해오다 그곳부터 4일째 순례 여행을 해오고 있고, 앞으로 남은 산티아고 데 콤포스텔라까지 이어갈 것이라고 한다. 뜻하지 않은 이들 부부와의 만남으로 거의 1시간 만인 12시 50분경 순례 여행을 서둘러 재개하며 필자에게 최고라는 듯 엄지척을 해주는 그들과 반가운 만남을 뒤로한다. 그들은 이곳에서 10km 거리인 록시카*Roxica*까지 가지만, 필자는 소브라도*Sobrado*까지 24km 전후를 더 진행해야 하기 때문이다.

숙소를 출발한 지 6시간가량이 경과한 14시 10분경 23.5km 지점의 들판 길을 지나고 있다. 햇빛이 가득한 날씨이지만, 인근 유칼립투스 산림을 일렁이게 하는 바람소리가 매섭다. 지속적으로 걸을 경우는 문제 안 되지만, 잠시라도 움직임을 멈추면 이내 한기를 느끼게 될 정도로 쌀쌀한 날씨이다. 거의 기계적인 걸음을 반복하면서 그나마 반 이상은 왔다. 18km 정도 남은 상황이니까 앞으로 4시간 여만 더 진행하면 될 듯하다. 따라서 휴식 시간 포함하더라도 19시 전후 도착이 기대된다.

14시 50분경 27km가 채 안 된 지점에서 록시카 마을을 만나고 독일

안드레아 부부가 머물게 될 순례자 숙소 카사 록시카(Casa Roxica) 앞에서 잠시 쉬어간다. 쉬려 하는 순간 견공 한 마리가 사납게 짖으며 다가오지만, 눈길 한 번 주지 않는 개무시 전략에 개가 오히려 당황한 기색으로 멋쩍은 듯 앉아있는 필자를 지나쳐 길가까지 나갔다가 되돌아간다. 차고 매서운 바람에 체온도 식고 손도 시려워져 서둘러 떠날 채비를 한다.

이후 아 카바나*A Cabana*, 트라베사*Travesa*, 마르셀라*Marcela* 마을들을 지나면서 700m 고원 목초지도 지나게 된다. 산속 숲길을 통해 산을 넘게 될 거라는 긴장감 내지는 기대가 사라진 지 이미 오래다.

고지대 제일 윗마을 코르테포르코스*Corteporcos* 마을 어느 농가를 지날 때는 시에스타 시간이 한참이나 지나도록 견공들이 집마당에 널브러져 오

침을 즐기는 모습이 보인다. 견공 둘이 자신들을 주시하는 이방인의 인기척을 느낄 때쯤 등장한 보이시한 여주인과 함께 과객에 대한 예의를 보여주듯 도열한 모습이 정겹다.

코르테포르코스 마을을 지나고 잠시 산림지대를 지나면서 올라서게 된 710m 최고 높이에는 국도가 지나고 있다. 다소 실망스럽게 카미노 델 노르테 순례길 해발 최고도를 지나는 시각은 16시 40분경이고, 33km를 다소 넘어선 지점으로 오늘 기착지 소브라도까지는 약 9km 전후가 남았을 것으로 예상된다. 암튼 거리에 비해 크게 무리 없는 진행 상황이다. 국도

따라 내려가지만 국도와 나란한 비포장 순례길이 따로 있어서 그나마 다행스럽다. 다만 국도와 달리 업다운 굴곡이 있다.

고도 610m 수준으로 내려선 17시 10분 35.5km 지점 바람은 잠잠해졌고, 햇살은 따사로워 국도변 벤치에서 잠시 어깨와 다리에게 다소 피로를 털고 갈 시간을 내준다. 이렇게 고생 많은 신체부위에게 20여 분 위로의 시간을 주고 마지막인 듯한 고개를 넘으면서 고개 전후에 있는 마을 빌라리뇨*Vilariño*와 메손*Meson* 등을 잇따라 지나 무라델로*Muradelo* 마을에서 국도를 벗어나 마을길로 접어든다.

접어든 무라델로 마을을 관통해 둔덕을 넘어 산자락 숲길을 감아 돌면서야 비로소 소브라도가 가시화되지만 별로 눈에 띄게 내려가는 것도 아니다. 그곳도 해발 520m가량이나 되는 높이의 마을이기 때문이다. 소브라도로 가는 길에 한 번 더 지나게 되는 마을 아누케이라*Anuqueira*에 이를 때 양지바른 집 앞 벤치에서 햇볕을 즐기고 계시는 어르신들이 손을 흔들어 격려해 주신다. 이 마을 전후 순례길은 마치 참호 같은 시골길이라서 오늘 지나온 길 중 가장 마음에 드는 트레일 중 하나라고 할 수 있는데, 길 양

편으로는 성인 키높이 위에 초지 같은 들판이나 밭들이 펼쳐져 있다.

　이후 소브라도 마을에 이르기 전에 먼저 소브라도 호수(Lagua de Sobrado)
를 지나게 되고, 소브라도의 랜드마크 같은 산페드로 대성당(Igrexa de San
Pedro da Porta)의 첨탑에 이끌리듯 기착지에 이르게 된다. 거의 19시 정각에
42.6km 거리에 이르게 된 것으로 11시간이 채 안 걸렸다.

체크인한 숙소는 대성당을 품고 있는 수도원의 순례자 숙소(Albergue de Peregrinos de Sobrado dos Monxes)이다.

98명이나 수용하는 이곳 숙소에도 오로지 필자 혼자이다. 신부님이 잠겨있던 침실과 주방, 샤워실 등을 필자만을 위해 개방해 주신다. 불과 8유로 요금으로 최고의 시설을 제공해 주고 있는 것이다.

일단 배를 불릴 식재료를 사러 간 인근 마트에 찾는 소고기 부위가 없다. 따라서 물어물어 찾아간 정육점에서 구입한 등심으로 립아이(Ribeye) 스테이크를 만들어 흡족한 저녁 식사를 즐기며 막바지 순례 여행이 순탄하기를 기원해 본다.

맵핑 경로

Baamonde ~ Sobrado dos Monxes	
Day 31	42.6km
누적 거리	822.05km

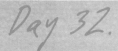

Day 32.

2022. 04. 05.

Sobrado dos Monxes ~ Salceda

Santiago de Compostela 입성을 하루 앞두고 있다.

모름지기 장거리 여행은 심신이 한결같이 하나가 되어야 순조로운 법이다

어제, 그제 이틀 동안 76km 거리를 진행했고, 산티아고 데 콤포스텔라*Santiago de Compostela* 까지 60km 정도를 앞두고 있어서 내일 입성이 충분히 가능해 보인다. 하지만 오늘은 다소 여유 있게 순례 여행을 이어가며 내일 입성할지 모레 입성할지 여부는 오늘 어디까지 소화하느냐에 따라 결정하려고 한다. 막바지에 접어든 순례 여행에 박차를 가하며 9시 20분경 수도원 순례자 숙소를 나선다.

먼 발치에서 골 건너편 수도원을 뒤돌아보며 마을을 빠져나오는데, 어느 주택 2층 난간에서 견공 하나가 이방인을 보고 요란하게 짖어대며 나그네 심기를 살짝쿵 건들인다. 이에 조금도 동요치 않은 필자가 난리치는 견공에게 오히려 장난스럽게 다가가자, 덩치 큰 소심한 견공은 이내 태세를 전환해서는 딴청을 피우듯 엄한 곳을 바라보며 짖는 시늉을 한다. 소심해 보이는 견공이 차라리 귀엽게 느껴진다. 접근이 가능한 위치라면 한 번 토닥이며 어루만져주고 싶은 마음이지만 그냥 지나칠 수밖에 없는 상황이다.

10시 25분을 넘긴 시간에 4.5km 거리의 카스트로*Castro* 마을 어느 성당(Igrexa de San Lourenzo de Carelle) 납골당 앞에서 잠시 쉬어가는데, 이곳 공동묘지인 납골당을 보면서 프랑스의 장묘 문화와는 뭔가 색다름을 느끼게 된다. 유럽의 공동묘지는 우리나라처럼 기피 시설이 아니고, 모든 마을 성당이 품고 있는 주민 친화적인 마을의 일부분이다.

이곳까지 오는 과정에서 소브라도*Sobrado*를 짧게 빠져 나오고는 아 폰테페드라*A Pontepedra*와 빌라차오*Vilachao* 마을을 지나 3단 언덕을 가파르게 지나왔다. 오면서 만난 이 지역의 오레오(Hórreo)에는 마치 성소처럼 십자가가 지붕 위 앞뒤로 두 개가 설치되어 있다.

12시 10분경 정확히 10km 지점인 보이밀*Boimil* 마을에서 쉬어가는데, 공교롭게도 또 성당 공동묘지 앞이다. 마델로스*Madelos*와 코레도이라스*Corredoiras* 마을 등을 지나왔는데, 그 과정에서 만난 농기구를 손보고 있는 농부의 모습이나 목장 울타리에 시가를 물고 있는 카우보이 형상의 조형물이 시선을 끌었다.

이곳에 오기까지 발걸음이 가벼운 듯 무겁게 느껴졌고, 진행이 빠른 듯 더디게 느껴졌다. 목적지 산티아고 데 콤포스텔라가 가까워지면서 마음이 앞서 나갔기 때문이 아닌가 싶다. 모름지기 장거리 여행의 경우는 몸과 마음이 앞서거나 뒤쳐짐 없이 한결같이 하나의 세트가 되어서 움직여야 하는 것 같다.

보이밀 이후 번듯한 보이모르토*Boimorto* 시내를 관통해 14시경 15.5km를 넘어선 빌라르*Vilar* 마을에 와있다. 보이밀 마을 이전부터 시작된 국도 포장길이 지속되어 다소 지겹기도 하고, 바람 없이 따사로운 햇볕에 다소 무더위가 느껴지기도 했다. 출발 전에 배낭 깊숙이 박아뒀던 패딩까지 끼

어입었던 터라 한꺼풀 벗겨내고 목도 축이고 담배도 한 모금 빨고 다시 순
례 여행을 이어간다.

이제 센데예*Sendelle*도 지나와 원
래 일정상 기착지인 아르쑤아*Arzúa*
까지는 7km가량 남은 듯하고, 필
자가 머물까 고려 중인 카예*Calle*까
지는 15km가량 남은 듯하다. 이미
지나온 13.5km 지점 보이모르토
Boimorto 마을에서 순례길은 두 갈
래로 나뉜다. 산티아고*Santiago*까지
아 라바코야*A Lavacolla*를 경유하는
40.6km 길과 아르쑤아를 경유하
는 48.1km 길이 그것이다. 필자는
당연한 듯 고민 없이 이 중 아르쑤
아로 향하고 있다.

이후에도 줄곧 국도나 지방도로
를 번가르며 포장도로만으로 카살
도에이로*Casaldoeiro* 마을 등을 지
나서 아르쑤아에 도착하게 되는데 15시 50분경이고, 22km를 다소 넘어
선 거리이다. 때로는 포장도로 옆에 도랑으로 파놓은 풀밭길을 걷기도 한
다. 발바닥 부담을 덜어주기 위함인데, 자칫 발목이 꺾일 수도 있어 걷기
가 다소 조심스럽다. 좌우로 경사진 면을 걸어야 하기 때문이다.

순례자 숙소가 많은 거점 도시 아르쑤아에서 잠시 쉬어간다. 거의 물 대
신 마셔대는 우유와 간식을 사야 하고, 이후 더 가게 될 까예까지 8km를

더 진행하기 위해 어깨와 다리의 피로도 적절히 풀어줘야 하기 때문이다.

16시 40분경 다시 막바지 순례 여행을 이어가는데, 순례길가에 순례자 형상의 판형 조형물이 순례객을 격려하듯 자리하고 있다. 아마 19시 이내 오늘 일정 마무리가 가능하지 않을까 싶다. 아르쑤아를 벗어나며 작은 실 개천을 지나 자연스런 시골길로 이어지는 아스 바로사스*As Barrosas*와 프 레쿤토뇨*Preguntoño* 등을 지나고는 구릉마루까지 급하게 오르면서 잊고 있 었던 긴장감을 되찾게 된다. 사실 마음만 앞서고 긴장감이 풀어질 때 좋 은 컨디션을 유지하기 어려운 법이다. 적절한 긴장감은 운동 능력을 발휘 하는 데 있어 촉매제 역할을 하기 때문이다.

구릉마루에 올라서니 지나온 아 르쑤아가 반대편 구릉마루에 자리 잡고 있음을 확인하게 된다. 그 사 이에 있는 구릉골을 지나온 것이다. 이후 아 페록사*A Peroxa*를 지나게 되 고, 칼싸다*Calzada*에서는 고속도로 를 건넌다. 그러고 보니 아르쑤아 이 후에는 신기하게도 줄곧 자연스러 운 시골길 비포장도로이다. 이따금 포장도로를 만나 건너기는 해도 포 장도로를 따라 걷는 법이 없다.

마침내 예정된 기착지 까예 마을 에 힘들지 않게 다다르게 되는데 30km 정도 거리이고, 18시 30분을 막 넘어선 시각이다. 이 마을은 동백 꽃과 종려나무들로 아름답고, 이곳 숙소 알베르게 아 폰테(Albergue A

Ponte) 레스토랑 바에는 입구부터 온통 술병들로 데코레이션이 되어있어 인상적이다. 오늘 이 숙소에 머물까 했지만, 서머타임제로 아직도 해가 중천에 있는 느낌이고, 필자 체력 역시 전혀 문제가 없다. 따라서 내일 산티아고 입성을 위해 도움닫기 하기에 보다 유리한 살세다*Salceda*까지 더 가기로 기착지를 조정하게 된다.

이렇게 해서 살세다까지 3.5km가량을 별 어려움 없이 더 진행하게 된다. 살세다는 산티아고 데 콤포스텔라까지 대략 27km 거리를 남겨둔 마을로 19시 20분경 다다르게 된 것이다. 하지만 유감스럽게도 이 마을 대부분 알베르게가 여전히 휴업 중이다.

그나마 다행으로 진행 반대 방향에 있는 살세다 관광 숙소(Pension Albergue Turistico Salceda) 한 곳만이 운영 중인 곳으로 확인된다. 1km 거리를 손해 보고 찾아간 숙소는 알베르게와 펜션(Pension) 중 펜션만 운영한다고 한다. 숙박비 50유로를 40유로로 할인받고 레스토랑도 겸하고 있는 이곳에서 등심 스테이크(Bistec Entrecot)로 재충전을 꾀하며 일정을 마무리한다.

참고로 지나온 아르쑤아부터 산티아고 데 콤포스텔라까지는 알고 보니 카미노 프랑세즈(Camino Frances)와 겹친다. 그래서일까? 아르쑤아에서부터는 그 이전과 다르게 자연의 길에 가까운 비포장도로로 훌륭하게 조성되어 있어 순례 여행의 편리성 측면에서 공들인 순례길이라는 게 확연히 느껴진다. 프랑스 길 카미노 프랑세스가 카미노 델 노르테에 비해 많이 더 수월한 길이면서 이처럼 걷기에도 상대적으로 좋은 환경인 듯하다. 암튼 이제는 산티아고 데 콤포스텔라까지 28km만 남았다.

맵핑 경로

Sobrado dos Monxes ~ Salceda	
Day 32	34.85km
누적 거리	856.9km

Day 33.

2022. 04. 06. 마지막 날.

Salceda ~ Santiago de Compostela

순례 여행을 마치고 받은 인증서보다 소중한 것은 여정의 순간순간을

온몸으로 기억하고 있다는 사실일 것이다

드디어 Camino del Norte 순례 여정 마지막 날이다.

첫날 만났던 샌프란시스코에서 온 미국인은 두 번 다시 만날 수 없었다. 산티아고 *Santiago*를 지나 피스테라 *Fisterra*까지 60일 일정으로 순례 여행을 계획하고 있을 만큼 의욕은 대단하지만 체력에는 적잖게 문제 있어 보였기 때문이다.

순례길 9일 차에 온톤 *Ontón*에서 만난 네덜란드 청년 2명 일마르 켈더만 (Ilmar Kelderman)과 마린(Marijn)은 빌바오 *Bilbao*에서 시작하여 13일 차 산탄데르 *Santander*에서 일정을 마치고 돌아갔고, 18일 차 야네스 *Llanes*에서부터 만났던 우루과이에서 온 마틴과 페데리코 형제는 산 세바스티안 *San Sebastian*에서 시작하여 21일 차 페온 *Peón*에서 돌아갔으며, 18일 차 야

네스에서 이스퍼(Isper) 형제와 함께 만났던 바르셀로나에서 온 슬라노니아노와 이탈리아에서 온 반니 로베르토(Vanni Roberto)는 21일 차 페온과 23일 차 아빌레스*Avilés*에서 각각 순례 여행을 마치고 돌아갔다.

필자를 제외하고 나머지 우루과이, 이탈리아, 스페인에서 온 순례길 친구들 간에는 전혀 의사소통에 문제가 없어 순례 여행 중에 만나서 자연스럽게 길동무가 되었다. 우루과이 같은 남미 국가들은 스페인어를 같이 쓰고 있으니 문제가 없었고, 이탈리아 북부 경우도 스페인어와 유사해 소통에 거의 문제가 없었다고 한다.

알고 보면 프랑스어, 스페인어, 이탈리아어가 문법적으로 거의 유사한 듯싶다. 고대 로마어인 라틴어에 근간을 두고 있는 언어들이기 때문이다. 이탈리아어는 공부를 해본 적이 없어 단정적으로 얘기하기 어렵지만, 살짝 경험해 본 바로는 프랑스어와 스페인어는 문법적으로 거의 똑같다. 다만 발음에 있어 천지차이가 날 뿐이다. 스페인어는 발음기호가 없

다. 있는 그대로 모두 발음해 주면 되기 때문이다. 반면에 프랑스어 경우는 단어 뒷부분에 오는 자음은 거의 발음을 안 하고 발성법도 특이하여 서로 아주 상이한 언어 같지만 문법적으로 상당히 유사하다는 사실이 의외라 하겠다.

얘기가 다소 벗어났는데 이처럼 중간에 떠나간 친구들도 많은 반면 여전히 진행 중인 친구들도 여럿 있지만 아쉽게도 26일 차에 독일 친구 베른트와 동반 여행한 이후부터는 줄곧 1주일째 혼자하고 있는 셈이다. 13일 차 게메스*Güemes* 마을의 할아버지, 알베르게(Albergue)에서 만난 바르셀로나에서 온 페르난도, 이탈리아 여성 실비아 모두 뒤에 있고, 같은 곳에서 만났던 영국인 제임스는 20일 차 비야비시오사*Villaviciosa* 에서 카미노 프리미티보(Camino Primitivo)로 길을 달리했다.

그리고 10일 차 라레도*Laredo* 항구도시의 카사 데 라 트리니다드(Casa de la Trinidad) 수도원 순례자 숙소에서 처음 만났던 독일인 도리스는 24일 차에 소토 데 루이냐*Soto de Luiña*에서 본 것을 마지막으로 더 이상 만날 수가 없는데, 가장 많이 떨어져 있다고 전해들은 바 있다. 모두 하나같이 각별하게 마음을 나누었던 순례길 동지들이라 산티아고 입성 시기에는 다소 차이가 있을지언정 하루, 이틀 기다려서라도 다시 해후하고픈 정든 길동무들이다.

　하지만 필자보다 3일 이상은 늦어질 듯하고, 필자 역시 다른 일정상 시간적 여유가 없는 상황이라 산티아고에서의 재회는 아쉽게도 쉽지 않을 것 같다. 따라서 산티아고 데 콤포스텔라Santiago de Compostela에 필자 홀로 입성하게 되는 상황이 다소 아쉽다. 그럼에도 굳건하고도 힘찬 걸음은 산티아고 데 콤포스텔라에 이르는 마지막 순간까지 지속될 것이다.

　숙소를 떠난 후 5분가량 지난 9시 40분 가까운 시각에 순례길에 다시 접어든다. 전날 체험한 것처럼 역시 걷기 훌륭한 환경의 순례길이 이어진다. 자동차 도로를 만나도 그저 건널 뿐 포장된 도로를 따라 걷는 법이 없고, 다소 쌀쌀한 날씨에 귀와 손장갑 밖으로 나와있는 손가락이 다소 시리게 느껴질 뿐 상쾌하다.

아스 라스*As Ras* 마을을 지날 무렵 캐리어를 끌며 반대 방향으로 순례 여행 중인 장년 커플을 지나친다. 캐리어에 싣고 다니는 짐의 부피로 봤을 때, 때때로 야영과 취사까지도 하면서 진행하는 것으로 짐작된다. 순례 여행은 이처럼 단순한 도보 여행 이외에도 자전거나 휠체어 타고도 체험하고, 캐리어를 끌고도 경험할 수 있는 것이다.

이후 처음 보는 농기계들에 잠시 시선을 빼앗기며 아 브레아*A Brea* 마을을 지나고, 대형 트레일러가 초록 융단 위를 달리는 듯한 모습을 신기하게 바라보며 세르세다*Cerceda* 마을에 들어서고는 이내 산타 이레네*Santa Irene* 마을 순례자 휴게소(Área De Descanso Para Peregrinos)에 이르게 되는데, 이곳까지 오는 과정에서 이미 손끝과 귓불까지도 체열이 전해져 체적의 컨디션이다. 다만 이곳 휴게소의 수돗물이 나오지 않고 주변 카페바 산티아고(Cafe bar lar Santyago) 레스토랑 바 역시도 아직 휴업 중이다. 상호 'Santyago'는 'Santiago'의 갈리시아어 표기인 듯하다.

전날 지나온 아르쑤아부터 산티아고 데 콤포스텔라까지 카미노 프랑세스 (Camino Frances)와 카미노 델 노르테(Camino del Norte) 순례길이 동일함에도 숙소나 레스토랑 바 같은 순례 여행에 요구되는 시설들의 상황은 여전히 좋지 않은 것 같다. 10시 40분경 6km가 채 안 되는 이곳에서 오래 머무르지는 못하고 11시가 되어 가는 시각에 다시 순례 여행을 서두른다.

돌이켜 보면 순례길 어디선가부터 산티아고 데 콤포스텔라에 가까워질수록 발걸음이 보다 가벼워졌다. 아마도 배낭이 갈수록 비워지며 가벼워졌던 이유도 있었을 듯하다. 어찌 보면 우리의 삶도 채우려 할수록 삶이 버거워지고, 비울수록 우리네 삶이 산뜻해지지 않을까 싶기도 하다. 아루아A Rúa 마을을 지날 때, 순례자를 위한 간이 쉼터의 작은 카페에서 감미로운 멜로디가 흘러나온다. 엘비라 마디간의 테마뮤직 모차르트 피아노

협주곡 21번으로, 이를 들으면 마음이 절로 고요해진다.

아 루아 마을에 이어 잇따라 오 부르고*O Burgo*를 비켜 지나고 순례길 주요 거점 마을 오 페드로소*O Pedrouzo*에 들어서게 되는데, 마을 초입 벽면에 순례자 벽화가 순례객을 맞이해 주고 있다. 이때 시각이 11시 30분경이고, 9km가 채 안 된 지점인데, 오 페드로소 마을처럼 규모가 있는 마을에서는 꼭 먹거리를 챙기게 된다. 따라서 물을 대신하는 음료수인 우유와 간식 등을 마련하기 위해 순례길에서 0.5km가량 벗어나 있는 마트 수페르메르카도스 디아(Supermercados Dia)를 찾아가는 것을 마다하지 않는다.

우유쌀밥(Arroz con Leche, 아로쓰 콘 레체)과 케이크 등으로 간단히 점심을 대신하고 남은 일정을 서두르지 않고 이어가게 되는데, 12시 20분경이다.

다행히 벗어난 순례길 원점으로 돌아갈 필요 없이 진행 방향에 있는 마을 산 안톤*San Antón*에서 다시 순례길에 합류하게 되고, 바로 명상의 길 같은 유칼립투스 거목들이 들어찬 숲길을 지나게 되고는 오 아메날*O Amenal* 마을에서 호텔 레스토랑 바(Hotel Restaurant Bar)를 만난다. 적잖은 여행객들이 야외 간이 테이블에서 주로 맥주를 즐기고 있다. 필자는 휴식을 취한 후 얼마 지나지 않은 시각이라 "올라!"를 외치며 바이패스 하는데, 상대들은 "부엔 카미노!"로 화답을 해준다

마을을 등지면서 바로 1.5km가량의 업힐이 지속되는 산림 지역을 오르니 반대편 아래 넓다란 평지에 산티아고 비행장이 펼쳐져 있지만 비행기는 한 대도 보이지 않는다. 이곳 관광 상황을 가늠할 수 있게 해주는 단면이 아닐까 싶다. 비행장 우측으로 우회하는 길목에 가리비 형상 등을 조각해 놓은 돌기둥이 있는데, 검색으로 확인해 보니 '히토 엔트라다 콘세요(Hito entrada Concello de Santiago de Compostela)'라고 이름지어진 산티아고 콤포스텔라가 시작됨을 알려주는 표지석이다. 순례객들이 자신이 다녀간 흔적을 남기며 소원을 빌기도 하는 곳 같다.

숲길을 지나 산 파이오*San Paio* 마을로 내려서니 13시 50분가량이고, 16km 남짓 진행한 거리이다. 이제 12km가량 남았다. 산 파이오 마을에

연이어 라바코야*Lavacolla* 마을을 지나며 골짜기 실개천을 건너게 되고, 다시 0.5km가량의 언덕길을 올라 빌라마이오르*Vilamaior* 마을을 만나게 되는데, 이때가 정확히 15시이고 20km 진행한 위치이다. 그리고는 순례자를 위한 대규모 캠핑 시설(Camping Peregrinos San Marcos)이 있는 산 마르코스*San Marcos*를 거치게 되고, 15시 50분경 몬테 도 고조*Monte do Gozo*에 이른다.

몬테 도 고조는 '환희의 언덕(Hill of Joy)'이라는 의미인데, 산티아고 데 콤포스텔라가 내려다볼 수 있는 해발 370m의 산마루 언덕이다. 산티아고 데 콤포스텔라 이전 마지막 기착지인데, 이 일대에는 호텔, 알베르게, 방갈로우 및 캠핑장 등 순례객들이 선택할 수 있는 다양한 숙박 시설을 갖추고 있다. 일반적으로 이곳에서 마지막날 밤을 보내고 다음 날 오전에 산티아고 데 콤포스텔라에 이르는 것 같다.

환희의 언덕에서 내려선 곳에서 막바지 여정을 메모하며 30~40분간 호흡을 고른다. 생각보다 적잖은 순례객들이 다리를 절뚝거리며 지나간다. 힘든 여정을 이어온 그들에게 내심 박수를 보내면서 필자는 오히려 처음 시작할 때보다 더욱 힘찬 걸음으로 마지막 순례길을 이어간다.

이 대목에서 뒤늦게 알고 아쉬워했던 부분이 있는데, 산티아고 데 콤포스텔라를 내려다볼 수 있는 산마루 몬테 도 고조 공원에는 순례객을 기리는 기념 동상 '모누멘토 아오 카미냔테(Monumento ao Caminante)'가 있는데, 이에 대한

정보가 없었던 필자는 이 특별한 곳에 들르지를 못하고 지나쳤던 것이다. 이 부분은 다운받은 자료 사진으로 대신하는데, 재미있게도 같은 곳에 제주도 돌하루방과 올레길 조형물도 있는 것으로 확인된다.

멋모르고 지나온 몬테 도 고조 역시 산티아고 데 콤포스텔라의 광역권으로, 최종 목적지인 산티아고 데 콤포스텔라 대성당까지는 불과 4.5km가량에 불과하다. 따라서 자연스럽게 산티아고 데 콤포스텔라로 접어들어 담담하게 대성당 앞에 이르게 되니 17시 30분가량이다.

이로서 33일간 대략 880km 거리를 진행해 온 기나긴 여정을 마치게 되고, 아울러 산티아고 데 콤포스텔라 순례 사무국에 들러 순례길 완주 인증서 크리덴샬 써티피케이트(Credential Certificate)도 받게 된다. 아마 인증서보다 중요한 것은 시련의 길, 극복의 길, 치유의 길이라 할 수 있는 순례길을 오롯이 홀로 걸으며 경험한 여정의 순간순간을 온몸으로 기억하고 있다는 사실일 것이다.

맵핑 경로

Salceda ~ Santiago Compostela	
Day 33	29.18km
누적 거리	886.08km

순례 여행 이후
Santiago de Compostela…

2022. 04. 07.

33일 전 840km 이정표가 있던 이룬*Irun* 순례자 숙소를 출발한 이래 30일째 KM 101 레스토랑이 있는 바몬데*Baamonde*를 경유해서 33일째 순례 여행을 마치고는 전날부터 알베르게 산티아고(Albergue Santiago) KM.0 숙소에서 긴 여정의 피로를 풀고 있다.

순례길을 마친 직후 성취감과는 상충되는 다소 허전한 마음에 지배되고 있고, 밖에는 부슬부슬 봄비가 내리고 있다. 스페인 땅끝마을이자 세상의 끝이라는 피스테라 *Fisterra*를 버스로라도 다녀와서 뒤에 오는 카미노 친구들을 환영해 주고 싶은데, 페르난도와 실비아

는 9일 토요일, 베른트와 도리스는 10일 일요일이 되어서야 도착한다고 한다.

서둘러 영국을 가야 하는 일정 때문에 도보 여행 대신에 버스로 무시아*Muxia*와 피스테라에 다녀오기 위해 버스터미널(Estación de Autobus, 에스타시온 데 아우토부스)에 갔으나 버스 표가 매진이다. 온라인으로 예매가 안 되었던 이유이기도 한 듯하다. 무시아와 피스테

라는 천상 다음 순례 여행 때 도보 여행으로 다녀와야 할 듯싶다. 대신 이룬으로 되돌아가는 알자(Alsa) 버스 티켓을 예매하는데 다음 날 오전 9시에 출발하는 버스이다.

뒤에 오는 카미노 동지들에게 내일 먼저 떠나게 됨을 양해 구한다. 모두 아쉽다며 담보할 수 없는 내일을 기약하는데, 아마도 한국에 대해 유달리 관심이 많은 페르난도와 그의 여자친구는 한국에서 다시 만날 수 있을 것 같고, 이탈리아 친구 로베르토도 한국을 찾아와 필자와 함께 지리산, 설악산 등을 동반 산행하게 되지 않을까 기대가 된다.

전날 산티아고 데 콤포스텔라Santiago de Compostela에 입성한 이후 대성당 앞 광장에는 어제 오늘 다양한 순례객들로 끊임없이 북적인다. 필자는 전날 담담하게 홀로 이곳에 이르러 조용히 갈무리했지만, 다양한 순례길을 통해 순례 여행을 마친 순례객들의 세레모니들을 접하면서 지난했던 순례 여행의 진한 감동을 간접적으로 다시 느껴보게 된다.

광장 앞 무리 중에는 자전거로 순례 여행을 마친 순례객들의 모습도 눈에 띄고, 단체로 도보 순례 여행을 마친 청소년들의 모습도 확인된다. 청소년들이 경험한 순례 여행은 앞으로 그들의 삶에 소중한

자산이 될 것이다. 그들은 서쪽 해안도시 캄바도스*Cambados*에서 약 60km 거리를 3일 동안에 왔다고 하는데, 17세 고등학생들에게 그렇게 쉬운 여행만은 아니었을 것이다. 스페인 국기를 좌우로 휘저으며 순례 여행을 마친 성취감을 마음껏 표현하면서도 이를 유심히 살피는 필자에게 국기를 건네주기도 한다.

색다른 깃발을 높이 세우고 있는 학생들에게 물어보니 카나리아제도 자치주기(旗)라고 한다. 북아프리카 서쪽 대서양 작은 섬에서 왔으니 유럽 대륙 어느 나라에서보다 멀리서 온 듯하다.

단체로 순례 여행을 체험한 학생들을 빼고는 순례 여행을 마친 순례객들의 대부분은 포르투갈 포르토*Porto*에서 출발해 온 카미노 포루트게스(Camino Portuguese) 순례객들이지만, 그 외에도 약 120km 거리의 북부 내륙 사리아*Sarria*에서 순례 여행을 시작한 순례객도 있는가 하면 프랑스 국경에 인접한 론세스바예스*Roncesvalles*에서 시작하여 레온*León*까지는 카미노 프랑세스(Camino Frances)를

이용하고, 그 이후 오비에도*Oviedo*로 경로를 바꿔 그곳에서부터는 (Camino Primitivo)를 통하여 산티아고 데 콤포스텔라에 이르렀다고 하는 젊은이도 있다. 이곳 순례자 숙소에서 만난 마드리드*Madrid*에서 왔다는 청년이다. 이렇듯 카미노 데 산티아고(Camino de Santiago)는 참으로 자신의 일정이나 체력에 맞게 경험할 수 있는 다양한 길들이 있음을 새삼 확인하게 된다.

순례 여행 오기 전에 자전거 여행 중 잠시 만난 인연으로 자신의 집에 초대해 주었던 프랑스와즈(Françoise)라는 여성의 경우는 필자에게 대단한 성취를 했다면서 자신도 5월에 프랑스 중부 르 뷔 엉 벨레*Le Puy-en-Velay*에서 꽁끄*Conques*까지 170km 거리를 10일간 순례 여행을 할 계획이라고 한다. 아울러 언제든 자신의 집에 놀러 와도 좋다며 호의를 전한다.

아마도 다음에 카미노 데 산티아고 순례 여행을 하게 된다면 르 뷔 엉 벨레에서부터 시작해서 생 장 삐에 드 뽀흐*Saint-Jean-Pied-de-Port*를 경유하여 산티아고 데 콤포스텔라까지 약 1,500km에다가 산티아고 데 콤포스텔라부터 무시아와 피스테라까지 120km를 더한 1,620km의 긴 여정이 되지 않을까 싶다.

맺는 글
: 못다 한 이야기

개인적으로 산티아고 순례길의 매력이라면 출발지에서 산티아고 데 콤포스텔라*Santiago de Compostela*까지 도보 여행하는 과정에서 스페인을 가감 없이 있는 그대로 온전하게 경험할 수 있다는 점일 것이다. 때론 산 넘고 강을 건너며 산천(山川) 등의 자연과 시골 오지 마을이나 크고 작은 도시 등을 통해 스페인 본래의 모습을 여과 없이 만나보게 된다.

바로 이러한 점이 해외여행 시 보고 싶은 것만 선택적으로 찾아가 보게 되는 일반 여행과 큰 차별점이라 할 것인데, 이러한 순례 여행 과정에서 각 지방의 음식과 생활상 그리고 건축물 등 스페인 문화 전반을 편견 없이 접하게 된다 하겠다.

특히 북부 해안 순례길 경우는 산천 이외에도 바다를 끊임없이 접하면서 크고 작은 항구도시들을 경유하게도 된다. 그 과정에서 때로는 배를 타고 작은 해협이나 강하구 또는 작은 만(Bay) 등을 건너는 경험도 하게 된다. 세 차례로 기억되는데, 파사이 도니바네*Pasai Donibane*에서 파사이아*Pasaia*, 라레도*Laredo*에서 산토냐*Santoña*, 엠바르카데로 데 소모*Embarcadero de Somo*에서 산탄데르*Santander* 등이 배로 건너는 구간들이다.

쉼 없이 만나는 스페인의 시골 마을들이나 작은 소도시들이 대도시보다 군더더기 없이 아름답다. 주변 자연과 참으로 조화롭기도 하지만, 무엇보다도 오래된 시청(Ayuntamiento)과 교회(Iglesia)를 중심으로 조성된 지방 소도시나 마을들이 마치 예술 공간이나 생활미술 화판처럼 잘 꾸며지고 다듬어져 있다.

그도 그럴 것이 아라곤 국왕 페르난도 2세와 결혼으로 힘을 키운 카스티야 이사벨 여왕에 의해 1492년 레콩키스타(Reconquista, 이슬람 축출 국토회복운동)가 완성되면서 스페인 통일왕국이 탄생되었는가 하면 아메리카 신대륙 발견으로 일거에 세계 최강국 지위로 급부상하게 된 스페인은 그 이후 적잖은 부침 속에서도 오늘날까지 최소한 5세기 이상 선진국 지위를 누려온 나라이기 때문이 아닐까 싶다.

이 시기 스페인의 소도시 이하 지방의 경우는 중남미 식민 통치의 과실로 풍요만 누려 왔을 뿐 대도시처럼 산업근대화 시대에 급격한 팽창으로 인한 홍역을 치르지 않아도 된 것이 아닐까 짐작해 본다. 이러한 역사적 배경하에 스페인 시골 마을들은 수세기 동안 외형적으로 커지기보다 내적으로 다듬어지며 성장하여 그림처럼 아름다워졌다고 보인다. 프랑스 코뮌 같은 기초 자치제도가 이러한 발전에 역시 힘을 보탰을 것이다.

스페인이 중남미에 식민지 플랜테이션 농장 경영을 할 당시 우리나라 조선 백성들이 인신매매로 팔려가 그곳에서 노예 생활로 착취되었던 시절도 있었다. 바로 임진왜란 침략으로 조선을 유린한 왜놈들에 의해 팔려 갔기 때문에 겪게 된 우리나라 참담한 역사의 단면이라 할 것이다.

그 외 숱한 여러 아픔을 딛고서도 오늘날 대한민국은 스페인을 국민총생산이나 1인당 국민소득 등 경제적으로 이미 추월하고도 남음이 있다는 점에서 우리 대한민국이 얼마나 대단한 나라인지를 가늠해 볼 수 있다 하겠다. 그럼에도 불구하고 스페인 시골의 생활환경은 우리나라가 과연 따라잡을 날이 올 수 있을까 싶을 정도로 훌륭하다.

스페인의 농촌에는 농가나 마을마다 스페인만의 명물인 오레오(Hórreo)라는 곡물 저장 창고가 있고, 마을마다 공동 빨래터 라바데로(Lavadero)들이 온전히 보전되고 있다. 사실 오늘날 더 이상 쓰임이 없는 과거 유산에 지나지 않을 것이다. 이미 냉장고나 세탁기와 같은 현대 문명에 밀려났을 것이기 때문이다.

아마도 우리나라같이 땅이 협소한 나라에서는 보다 생산적인 공간으로 거듭나야 하기에 이러한 과거 유산은 유지하기조차 쉽지 않을 것이다. 하지만 스페인 경우는 우리와 사정이 다르다. 국토가 우리나라의 5배 정도로 넓은 반면 인구는 오히려 우리나라의 90% 정도 수준에 불과한 정도여서 과거 유산을 보존할 공간적 여유가 충분한 것이다. 따라서 이들 과거 유산은 사적지로 지정되어 지자체에 의해 관리되고 있는 것으로 보인다.

1인당 국민소득으로 대표되는 국가 경제력에 있어서는 우리나라가 스페인은 물론 이탈리아까지 추월했다고 하지만, 그들 나라들이 아메리카 신대륙 발견과 르네상스 이후 오늘날까지 오랜 세월 선진국 지위에서 다져온 그들의 시골 생활 문화 수준은 마찬가지의 세월이 흘러도 따라잡기 어렵지 않을까 싶다. 그들의 생활은 대체로 멋지게 조경된 넓은 마당과 역사성 있으면서 견고하고 넉넉한 주거 공간에 의해 뒷받침되고 있기 때문이다.

우리나라는 선진국이라 할지라도 여전히 먹고살기 바쁘다. 여전히 자신의 집을 꾸미고 우리 공동체를 가꾸는 일에는 관심 가질 여유가 없다. 그나마 지배적인 주거 문화인 공동주택 아파트가 이런 취약성을 해소시켜주는 것 같다. 우리나라 아파트 문화가 날로 확산될 수밖에 없는 이유일 것도 같다.

그 외 빼놓을 수 없는 경험이라면 카미노 델 노르테(Camino del Norte) 북부 해안길을 순례 여행을 하면서 지나온 4개의 광역자치주 지방들이 각기 자신들만의 언어를 갖고 있다는 사실이다. 이 중 칸타브리아(Cantabria), 아스투리아스(Asturias), 그리고 갈리시아(Galicia) 등의 언어는 스페인어와 표준어와 방언의 차이 정도로 어느 정도의 유사성을 띠고 있다.

하지만 바스크 지방의 경우는 언어와 철자가 스페인어와 그 어떠한 유사성도 찾을 수 없이 완전히 다르며, 민족조차 다르다. 아마도 이러한 요소들이 한때 바스크 분리 독립을 외쳐온 배경이 되었을 것이다. 참고로 고구려 유민이 바스크의 조상이라는 설도 있다. 이를 뒷받침하듯 바스크어는 한국어와 마찬가지로 우랄알타이어이고, 바스크 지방에는 연 날리기 풍습도 있다고 한다.

그동안 여정을 기록하면서 외국어 고유명사 표기에 어려움이 많았다. 참고하는 자료들의 해당 표기가 영어, 스페인어 또는 각 지방어 등으로 일관성 없이 다를 때가 많았기 때문이다. 가장 많이 참고하게 되는 구글지도에 나온 명칭부터가 그러하다.

필자는 독자께서 현지 여행할 경우 도움이 될 현지 지방어 위주로 표기했다. 세계 대도시 명칭의 경우는 주로 영어명으로 통용되고 있듯이 스페인의 주요 도시 경우는 이미 스페인어로 널리 알려져 있어 이에 따라 표기했다. 이를테면 바스크 지방의 최대 도시 빌바오*Bilbao* 경우 바스크어로는 빌보*Bilbo*이다. 하지만 빌바오로 이미 널리 알려져 있기 때문에 현지어 빌보로 표기할 경우 혼선을 초래할 수 있기 때문이다.

이상과 같이 순례 여행기에서 언급하지 못한 부분까지 이곳 맺은 글에서 다루어 보았다. 본 여행기는 이처럼 정형화된 틀 없이 필자의 눈높이에서 보이는 만큼 보고 느낀 것을 정리한 필자 자신을 위한 기록이었지만, 그 누군가에게도 도움이 되었으면 하는 기대로 출판도 하게 되었다. 부디 본 도서를 접한 독자께서 때로는 참고할 가치가 있는 여행기가 되기를 기대해 본다.